GUIA VISUAL DE BOLSO – FOLHA DE S.PAULO

TORONTO

GUIA E MAPA: A CIDADE NA PALMA DA MÃO

PUBLIFOLHA

UM LIVRO DORLING KINDERSLEY

www.dk.com

Concepção do projeto: Redback Publishing

ISBN 978-85-7402-985-6

PUBLIFOLHA

Divisão de Publicações do Grupo Folha

Al. Barão de Limeira, 401, 6º andar, CEP 01202-900, São Paulo, SP

Tel.: (11) 3224-2186/2187/2197

www.publifolha.com.br

COORDENAÇÃO DO PROJETO

PUBLIFOLHA

COORDENAÇÃO EDITORIAL: Camila Saraiva

ASSISTENTE EDITORIAL: Thiago Blumenthal

COORDENAÇÃO DE PRODUÇÃO GRÁFICA: Soraia Pauli Scarpa

ASSISTENTE DE PRODUÇÃO GRÁFICA: Mariana Metidieri

PRODUÇÃO EDITORIAL

PÁGINA VIVA

TRADUÇÃO: Francisco José Couto

EDIÇÃO: Rosi Ribeiro

REVISÃO: Shirley Gomes

DORLING KINDERSLEY

DIAGRAMAÇÃO, EDIÇÃO E PESQUISA ICONOGRÁFICA: Quadrum Solutions

Krishnamai, 33-B Sir Pochkhanwala Road,

Worli, Mumbai 400 030, Índia.

Impresso na Leo Paper Products Ltd, China.

Foi feito o possível para garantir que as informações deste livro fossem as mais atualizadas disponíveis até o momento da impressão. No entanto, alguns dados como telefones, preços, horários de funcionamento e informações de viagem estão sujeitos a mudanças. Os editores não podem se responsabilizar por nenhuma conseqüência do uso deste guia, nem garantir a validade das informações contidas nos sites indicados. Os leitores interessados em fazer sugestões ou comunicar eventuais correções podem escrever para a Publifolha, Al. Barão de Limeira, 401, 6º andar, CEP 01202-900, São Paulo, SP, enviar um fax para: (11) 3224-2163 ou um e-mail para: atendimento@publifolha.com.br

Vista da CN Tower a partir das ilhas Toronto

SUMÁRIO

Logo do Hockey Hall of Fame

Xamã com protetor espiritual, *parte da Coleção Inuíte*

Centro de Toronto

A maior cidade do Canadá divide-se em quatro áreas. No Centro, ficam o distrito financeiro e a zona portuária, enquanto a valorizada Yorkville se situa em Midtown. Kensington Market e West Queen West ficam em West End, e no East End se localizam Cabbagetown e Danforth.

Ontario Place

Sua localização junto a um lago torna seu parque de diversões um lugar popular para passar um dia de verão com a família (pág. 34).

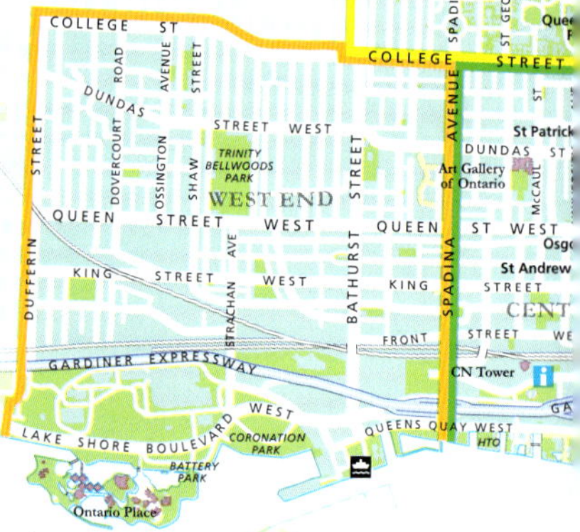

Legenda

- Estação de trem
- Estação de metrô TTC
- Terminal de ferryboat
- Informação turística

Casa Loma
Este castelo torreado, com 98 grandes aposentos e maravilhosos jardins, proporciona uma visão geral do luxo da virada do século 19 (págs. 26-7).

Royal Ontario Museum
Um tesouro de antigas múmias, salas de épocas imperiais, enormes dinossauros, além de arte grega e chinesa estão entre os principais destaques (pág. 25).

St. Lawrence Market
Grande mercado público, vende carnes, frutas, verduras e legumes frescos (pág. 38).

Toronto em Destaque

As inúmeras atrações, ótimos museus e galerias de arte, e os animados e seguros subúrbios de Toronto e seus arredores são uma amostra da sua diversidade cultural e beleza natural. As sugestões listadas a seguir auxiliam os visitantes a escolher o que a cidade oferece de melhor.

Atrações para a Família

CN Tower
A vista da cidade e dos arredores a partir do posto de observação desta torre é de tirar o fôlego *(págs. 10-1)*.

Cataratas do Niágara
Estas poderosas cachoeiras sempre deixam os visitantes maravilhados. É emocionante ir de barco até o pé das cataratas *(págs. 54-5)*.

A catarata da Ferradura é a maior do Niágara

Toronto Zoo
Mais de 5 mil animais vivem neste zôo, agrupados em hábitats naturais; agradáveis trilhas ligam os pavilhões e os ambientes climatizados *(pág. 46)*.

Hockey Hall of Fame
Um tributo ao esporte nacional do Canadá, este Hall da Fama guarda a memória do hóquei, com ambientes interativos e, em um novo anexo, a coleção de troféus, entre eles a Stanley Cup *(pág. 16)*.

Museus e Galerias

Royal Ontario Museum
Maior museu do Canadá, belo exemplar da moderna arquitetura, exibe uma coleção de 6 milhões de objetos, entre eles um completo sarcófago egípcio com sua múmia, e um túmulo Ming *(pág. 25)*.

Art Gallery of Ontario
Importantes pinturas canadenses, bronzes de Henry Moore e obras-primas da arte européia fazem parte do acervo deste museu estelar *(pág. 19)*.

Power Plant Contemporary Art Gallery
Alojado em uma usina elétrica adaptada, esta galeria oferece exposições de arte contemporânea canadense e internacional *(pág. 12)*.

McMichael Art Collection
Esta galeria abriga pinturas do Grupo dos Sete, artistas que influenciaram bastante os seus contemporâneos *(pág. 47)*.

Fachada de pedra e madeira da sede da McMichael Art Collection

Arredores

Ilhas Toronto
Estas ilhas oferecem aos visitantes a possibilidade de relaxar. Há desde trilhas a pé ou de bicicleta a praias de areia para banho de sol, ou antigos parques de diversão *(pág. 13)*.

Restaurante ao ar livre nas ilhas Toronto

Chinatown
Um passeio pela Spadina Avenue, apinhada de restaurantes e lojas de artigos exóticos, é um banquete para os sentidos *(pág. 32)*.

Distillery District
Lugar histórico, este grupo de edifícios industriais de tijolos era a sede da destilaria Gooderham and Worts, agora um complexo de artes e diversões *(pág. 40)*.

A Praia
Ruas arborizadas e com casas no estilo Rainha Ana ligam a Queen Street East, e suas lojas de variedades, a um calçadão que segue a curva da praia *(pág. 44)*.

Indicações de Compras

St. Lawrence Market
Desde 1901, vendem-se alimentos neste popular e histórico mercado, ex-sede da prefeitura de Toronto. Aos sábados, a ala norte é reabastecida de alimentos e é um bom lugar para se provar uma iguaria local, o típico sanduíche de *bacon* de lombo *(pág. 38)*.

Kensington Market
Um passeio por aqui revela lojas que vendem grande variedade de carnes e queijos de qualidade, frutas e legumes exóticos, além de pontas-de-estoque de grandes marcas ou roupas mais simples *(pág. 32)*.

Distrito de Arte e Design de Queen West
Esta área descolada atrai lojas e galerias que exibem artistas contemporâneos ou lojas de roupas de bons estilistas. Além disso, fervilha com restaurantes e cafés *(pág. 33)*.

Yorkville
Aqui, ao lado de lojas de antiguidades e artigos de luxo, estão os melhores cabeleireiros, e spas bem montados mimam seus clientes. Excelentes restaurantes e bares estilosos atendem a todos os gostos *(pág. 28)*.

Uma sossegada tarde de domingo em um café de Yorkville

WESTIN

CENTRO

Limitado ao sul pelo lago Ontário e pela zona portuária, o Centro de Toronto abrange o distrito financeiro, com seus imponentes arranha-céus, e é entremeado de pequenos prédios históricos e teatros de variedades do bairro boêmio, além de grandes lojas na animada Queen Street West e no Eaton Centre. Diversos museus, como a reformada Art Gallery of Ontario, estão localizados nesta área.

PRINCIPAIS ATRAÇÕES

Arquitetura Moderna
CN Tower págs. 10-11 1
Rogers Centre 2
Sharp Centre for Design 12

Áreas e Edifícios Históricos
Campbell House 16
Prefeitura de Toronto 10
Toronto Dominion Centre 7

Museus e Galerias
401 Richmond St. W. 15
Art Gallery of Ontario 13
Design Exchange 6
Hockey Hall of Fame 5
Textile Museum of Canada 11
Toronto Dominion Gallery of Inuit Art 8

Arredores
Zona Portuária 3
Ilhas Toronto 4

Áreas de Compras
Eaton Centre 9
Queen Street West 14

VER TAMBÉM

• *Sugestões pág. 21*

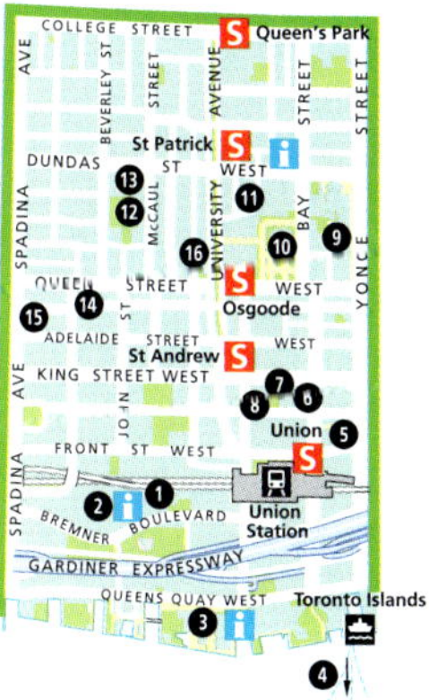

0 quilômetro 1

LEGENDA

- Estação de trem
- Estação de metrô TTC
- Terminal de ferryboat
- Informação turística

◀ *Chegada à orla vindo das ilhas Toronto*

CN Tower ❶

Com 553m de altura, a CN Tower é um dos edifícios mais altos do mundo. Nos anos 1970, a Canadian Broadcasting Company (CBC) decidiu erguer uma nova torre de transmissão em parceria com a Canadian National Railway (CN). A CN Tower não foi originalmente projetada para ser o ponto mais alto do mundo, mas despertou tanto o interesse dos visitantes que logo se tornou uma das principais atrações turísticas do Canadá. A torre abriga o maior restaurante giratório do mundo.

A CN Tower *oferece uma vista fantástica em todas as direções. Em dias claros, é possível ver até as cataratas do Niágara, ao sul.*

No andar do Mirante, *a 346m de altura, galerias internas e externas proporcionam uma vista panorâmica de toda a cidade de Toronto.*

Os elevadores externos *têm paredes de vidro e levam os visitantes pelo lado de fora da torre até o topo em menos de um minuto.*

A escadaria interna *é uma das maiores do mundo, com 1.776 degraus. Uma campanha popular de caridade angaria fundos com a subida da escada.*

PREPARE-SE

Mapa D5. 301 Front St. W. Tel 416 868 6937. Aberto 9h-22h diariam. Adm. www.cntower.ca

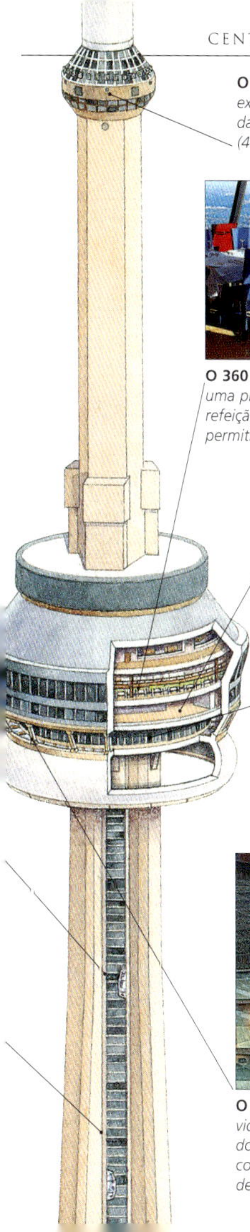

O Sky Pod *tem elevador exclusivo e é o ponto mais alto da torre que se pode visitar (447m).*

O 360 Restaurant *serve pratos de uma premiada cozinha e, durante a refeição, o restaurante gira lentamente, permitindo uma vista espetacular.*

O mirante interno *permite que os visitantes observem a cidade confortavelmente, protegidos dos ventos. Placas indicam os pontos mais importantes.*

O mirante externo *é protegido por grades de aço e dá bem a idéia da altura da torre e de sua exposição aos ventos.*

O piso de vidro, *grossa placa de vidro reforçado, fica 342m acima do solo. Até mesmo os mais corajosos podem sentir um pouco de tontura.*

Rogers Centre ❷

Mapa D5. 1 Blue Jays Way. Aberto diariam. Entr. paga. www.rogerscentre.com

Aberto em 1989, o Rogers Centre foi o primeiro estádio de esportes do mundo a ter teto totalmente retrátil. Com tempo bom, o teto fica aberto, mas com tempo ruim ele é fechado, protegendo tanto os jogadores quanto o público. Este notável feito de engenharia é baseado em princípios simples: quatro gigantescos painéis são montados sobre rodízios e levam apenas 20 minutos para cobrir a área dos jogos. O projeto foi inovador e é acima de tudo muito prático: o conjunto lembra uma noz gigante.

Porém, a aparência da estrutura é parcialmente compensada por um enorme par de esculturas em estilo de desenho animado, do lado de fora, mostrando espectadores em um jogo imaginário, criação do artista contemporâneo Michael Snow.

O Rogers Centre é a sede de dois importantes times –dos Toronto Argonauts, da Liga Canadense de Futebol Americano, e dos Toronto Blue Jays, da Liga de Beisebol. Este estádio também é usado para shows e eventos especiais. Visitas guiadas mostram a mecânica do teto móvel, e um filme de 20 minutos conta a história de sua construção.

Zona Portuária ❸

Mapa D6. Queen's Quay W. com York St., York Quay Centre.

Este é um dos mais animados complexos de arte e espetáculos de Toronto. Os visitantes se divertem observando o trabalho de artesãos no York Quay Centre, vendo uma exposição na Power Plant Contemporary Art Gallery ou apreciando uma exibição do Enwave Theatre, na Power Plant. Amantes do balé podem acompanhar o Premiere Dance Theatre no Queen's Quay Terminal, onde há lojas e restaurantes. Barcos atracados atrás desses três locais oferecem passeios no verão. Nessa estação, a área abriga

O amplo complexo do estádio do Rogers Centre

Vista da orla de Toronto

festivais e concertos ao ar livre. No inverno, o rinque de patinação gratuito é a principal atração.

Ilhas Toronto ❹

Mapa E7. Queen's Quay.

Para quem quer dar uma escapada da cidade, as ilhas Toronto, que protegem o porto, são o destino perfeito. Três ilhas maiores e uma dúzia de ilhotas formam esse arquipélago urbano de 2,3km². Veículos particulares não são permitidos aqui, o que aumenta o seu charme. As ilhas são alcançadas em dez minutos por ferryboat, que sai do Mainland Terminal e atraca na Centre Island, Ward's Island ou Hanlan's Point.

Das docas da Centre Island, são cinco minutos a pé até Centreville e seu parque de diversões infantil, com 30 passeios. Mais ao sul, na Ward's Island, há um píer, uma boa praia de areia e 2,5km de trilha de corrida à beira do lago.

De ferryboat para a Ward's Island, o acesso aos arredores da ilha e às Algonquin Islands é fácil. Os visitantes podem admirar belas casas de campo ao passear pelas ruas residenciais das duas ilhas. Embora se modernizem aos poucos, as comunidades locais ainda preservam seu espírito artístico e independente. O Rectory Café, na Ward's Island, tem um pátio externo. Alguns ilhéus transformaram a própria casa em pousada com café-da-manhã.

O ferryboat da Hanlan's Point permite um rápido acesso às duas praias. A mais ao sul delas abriga a única área de "roupa opcional" em Toronto.

Um farol a oeste da Centre Island

Pedalinhos, ilhas Toronto ▶

Sala de troféus dos Montréal Canadiens, no Hockey Hall of Fame

Hockey Hall of Fame 5

Mapa E5. BCE Place, 30 Yonge St. Aberto diariam. Entr. paga.

O Hockey Hall of Fame é um tributo ao esporte nacional do Canadá, o hóquei no gelo. O hóquei, tanto no gelo como na grama, é originário do Canadá. De simples diversão de inverno nos lagos gelados passou a ser um esporte que acende a paixão canadense como nenhum outro. A moderna área de exposições do Hall of Fame é bem estruturada, com seções sobre diferentes aspectos do jogo. Tem desde camisetas de grandes jogadores, como Wayne Gretzky e Mario Lemieux, a uma réplica do vestiário do time dos Montréal Canadiens no antigo estádio.

Outra seção mostra o desenvolvimento do capacete do goleiro desde o início até as elaboradas versões de hoje. Muitas mostras são interativas, e os visitantes podem defender os discos lançados por jogadores virtuais. Dois cinemas exibem os jogos mais célebres. Um anexo na frente do Great Hall contém a coleção de troféus, inclusive a Stanley Cup, primeira taça do hóquei, doada por Lorde Stanley em 1893.

Design Exchange 6

Mapa E5. 234 Bay St. Aberto diariam. Entr. paga nas exposições especiais.

Localizado no magnífico prédio da antiga Bolsa de Valores de Toronto, uma pérola Art Déco de 1937, este centro celebra o inovador design canadense do pós-guerra. Mobiliário, objetos domésticos, artigos esportivos e equipamento médico pertencem à coleção permanente e destacam o papel do design na vida cotidiana. O centro ainda aloja exposições nacionais e internacionais. Um mural no segundo andar destaca temas sobre a indústria canadense.

Toronto Dominion Centre 7

Map E5. 55 King St. W.

Este complexo de seis torres é um dos mais importantes marcos da arquitetura da cidade. As torres negras do Toronto Dominion Bank são uma marca do arquiteto Mies van der Rohe (1886-1969), e refletem perfeitamente a máxima da arquitetura modernista "menos é mais". Construído entre 1964 e 1971, este complexo estimulou a explosão de arranha-céus que originou o distrito financeiro.

Na praça ao lado, a escultura circular de bronze *Wall and Chairs*, de Al McWilliams faz eco a toda a austeridade das torres. No subsolo, há um centro de compras projetado por Mies van der Rohe.

O imponente arranha-céu negro do Toronto Dominion Centre

Toronto Dominion Gallery of Inuit Art ❽

Mapa E5. 79 Wellington St. W. Aberta diariam.

A torre sul do Toronto Dominion Centre exibe uma coleção de arte inuíte nos dois andares do saguão. Foi selecionada para comemorar o centenário do banco, nos anos 1960. Este adquiriu mais de cem peças, como um chifre de rena e marfim de morsa, mas o forte são as esculturas de pedra. As de pedra-sabão, de 30-60cm de altura, representam espíritos e animais mitológicos, além de cenas da vida diária. Entre as mais belas estão as de Johnny Inukpuk (1911), como *Mother Feeding Child* (1962) e *Tattooed Woman* (1958), ambas de uma força primitiva e vibrante.

Eaton Centre ❾

Mapa E4. 1 Dundas St. W. Aberto diariam.

Assim chamado devido ao lendário comerciante Timothy Eaton –cujo católogo de clientes e loja de departamentos, Eaton's, era uma unanimidade nacional até 1999, quando faliu–, este grande centro comercial é a quintessência das compras no centro. Aberto em 1979 e proclamado o ícone que transformaria as descuidadas ruas Yonge e Dundas em valorizados endereços, o complexo abriga cerca de 300 lojas e restaurantes.

Uma de suas principais atrações é o *Flight Stop*, a múltipla escultura de um bando de gansos suspensos no teto do átrio central.

O interior da movimentada galeria do Eaton Centre

O moderno edifício da prefeitura de Toronto

Prefeitura de Toronto 10

Mapa E5. Queen St. W. e Bay St. Aberta diariam.

Concluída em 1964, a prefeitura de Toronto foi projetada pelo premiado arquiteto finlandês Viljo Revell. Na sua inauguração, o primeiro-ministro Lester Pearson anunciou: "É um edifício tão moderno como o amanhã", mas para muitos cidadãos o amanhã viera cedo demais, e houve inúmeros protestos. Mesmo agora, mais de 40 anos depois, o edifício parece incrivelmente moderno. É a epítome do planejamento urbano dos anos 1960: duas torres curvas de concreto e vidro emolduram um edifício circular central onde se reúne a Câmara de Toronto. Em seu interior há murais e obras de arte.

A velha prefeitura, a leste, é um antigo edifício neo-românico do século 19, com frisos entalhados em suas colunas e torres.

A Nathan Phillips Square é um animado símbolo cívico –lugar para skate no gelo no inverno, manifestações políticas, concertos ao ar livre e uma feira agrícola no verão.

Textile Museum of Canada 11

Mapa E4. 55 Centre Ave. Entr. paga.

Este excelente museu é dedicado às artes têxteis. Possui mais de 12 mil peças de todo o mundo, como kilims, xales, tapetes, roupas cerimoniais, acolchoados e outros artefatos de tecido. Sempre há, no mínimo, um tema de destaque em exposição. Sua programação mantém ainda roteiros guiados por especialistas e apresenta demonstrações práticas das diferentes artes têxteis. Oferece, a preços módicos, workshops para quem quer aprender técnicas específicas.

Veste imperial chinesa no Textile Museum

Sharp Centre for Design 12

Mapa D4. 100 McCaul St.

Estacas que lembram lápis de cor e se elevam a 30m de altura do solo sustentam o divertido e audacioso anexo do Ontario College of Art and Design. O moderno prédio de dois andares, do arquiteto Will Alsop, é ligado ao prédio principal por uma passarela em rampa.

A moderna fachada do Sharp Centre for Design

Art Gallery of Ontario ⓭

Mapa D4. 317 Dundas St. W. Previsão de reabertura: nov/2008

A Art Gallery of Ontario (AGO) passou por uma grande reforma e a previsão de reabertura é novembro de 2008. O arquiteto Frank Gehry redesenhou magistralmente a AGO, expandindo o espaço existente, criando novas galerias e adornando a face norte com uma sensual fachada de madeira e vidro curvo. No andar térreo está a Coleção de Gravuras e Desenhos, abrangendo do século 15 ao século 21, com importantes obras holandesas, italianas, francesas, britânicas e alemãs.

O segundo andar é dedicado à arte européia, canadense, africana e da Oceania. Entre as Coleções Canadenses está a Thomson Collection, que conta com 2 mil obras, principalmente de Tom Thomson e do Grupo dos Sete. A enorme coleção de arte inuíte é uma das melhores do país.

As Coleções Européias representam uma boa amostra da arte da Europa. Com várias obras-primas dos impressionistas franceses, como Claude Monet e Auguste Renoir, sua nova atração é uma obra-prima do século 17 de Peter Paul Rubens: *O Massacre dos Inocentes*. A Henry Moore Collection é a maior coleção do mundo de obras desse artista britânico.

No quarto e no quinto andar, dois novos pavimentos acima do nível do Grange, um palacete georgiano restaurado, a Coleção Contemporânea exibe a evolução da arte do final do século 20 na América do Norte e Europa, do expressionismo abstrato à pop art e ao minimalismo.

Fachada de The Grange, Art Gallery of Ontario

Um dos muitos cafés ao longo da Queen Street West

Queen Street West ⓮

Mapa D5.

Nos anos 1980, em busca de lugares baratos para morar, estudantes e artistas revigoraram esta antiga área de armazéns. Antes da alta dos aluguéis, ocorreu uma explosão de galerias de arte e lojas ultramodernas, de moda e decoração. Depois, a maioria delas acabou substituída por conhecidas cadeias de grandes lojas. Hoje, cafés e lanchonetes chiques tomam as calçadas, varando inclusive a noite abertos. Ao norte, em Spadina, podem-se ver sinais da influência de Chinatown *(pág. 32)*.

401 Richmond St. W. ⓯

Mapa D5.

Em 1994, a transformação de um enorme e decadente armazém em um vibrante centro comercial e cultural tornou-se uma fonte de inspiração para os urbanistas. Muitas galerias dos melhores artistas da cidade, como A Space Gallery e YYZ, se instalaram neste belo edifício. Espetáculos ao vivo, instalações, workshops, mostras de cinema, além de filmagens, ocorrem aqui. A aconchegante Roastery Coffee House, alheia a isso, oferece comida caseira e é uma ótima alternativa.

Campbell House ⓰

Mapa E5. 160 Queen St. W. Aberta 9h30-16h30 ter-sex, 12h-16h sáb-dom. Entr. paga.

Construído por William Campbell, um juiz oriundo do Alto Canadá, em 1822, este palacete georgiano é o único edifício remanescente da cidade de York, que em 1834 se tornou Toronto. Em 1972, o prédio foi totalmente removido de sua localização original, na Adelaide Street, para o atual endereço, restaurado e aberto à visitação, livre ou guiada.

A fachada clássica da histórica Campbell House

SUGESTÕES

RESTAURANTES

Amadeus Bavarian Bier Stube
Mapa E5. 111 Richmond St. W.
Tel 416 366 3500.
Moderado
Schnitzel, porco assado com salsichas acompanhado por excelente cerveja alemã.

Far Niente
Mapa E5. 187 Bay St.
Tel 416 214 9922.
Moderado
Cozinha clássica e moderna muito apurada.

Milagro Restaurante Mexicano y Cantina
Mapa D5. 5 Mercer St.
Tel 416 850 2855.
Moderado
Autêntica cozinha mexicana, tradicional e refinada.

Pearl Harbourfront Restaurant
Mapa E6. 107 Queen's Quay W.
Tel 416 203 1233.
Moderado
Pratos chineses bem preparados em restaurante com vista para o porto.

Tutti Matti
Mapa D5. 364 Adelaide St. W.
Tel 416 597 8839.
Moderado
Os amantes da comida italiana se deliciam com as tradicionais especialidades toscanas deste hospitaleiro restaurante.

Bymark
Mapa E5. 66 Wellington St. W.
Tel 416 777 1144.
Caro
Serve pratos da estação.

Canoe
Mapa E5. 66 Wellington St. W.
Tel 416 364 0054.
Caro
Situado no 54° andar, bar e restaurante com cozinha gourmet e uma bela vista.

Ki
Mapa E5. 181 Bay St.
Tel 416 308 5888.
Caro
Bar e restaurante de cozinha japonesa contemporânea em ambiente de design moderno.

BARES, PUBS E CAFÉS

Library Bar
Mapa E5. 100 Front St. W.
Este bar, no Fairmont Royal York Hotel, tem um espírito de clube inglês. Serve drinques excelentes, e comida também.

Smokeless Joe's
Mapa D5. 125 John St.
Conhecedores de cerveja lotam este pequeno pub *devido à sua enorme variedade da bebida.*

COMPRAS

Harry Rosen
Mapa E5. First Canadian Place. 100 King St. W.
Uma elegante Canali ou uma casual Lacoste estão em uma das melhores lojas masculinas da América do Norte.

Umbra
Mapa D5. 165 John St.
Esta loja conceito oferece artigos práticos e criativos para o lar.

Ver códigos de preço na pág. 64.

MIDTOWN

Nesta área, se situam duas das mais importantes instituições de Toronto: o Parlamento de Ontário e a Universidade de Toronto. Excelentes museus –o Gardiner Museum, o Royal Ontario Museum e o Bata Shoe Museum– estão localizados aqui. A uma curta caminhada ficam as inúmeras lojas da Bloor Street e os fashionistas de Yorkville. Alguns quarteirões ao norte da Bloor Street estão a Casa Loma e o Spadina Museum.

PRINCIPAIS ATRAÇÕES

Áreas e Edifícios Históricos

Casa Loma págs. 26-7 ❺

Parlamento de Ontário ❷

Universidade de Toronto ❶

Museus e Galerias

Bata Shoe Museum ❼

George R. Gardiner Museum of Ceramic Art ❸

Royal Ontario Museum ❹

Spadina Museum, Historic House, and Gardens ❻

Compras

Yorkville ❽

VER TAMBÉM

• *Sugestões pág. 29*

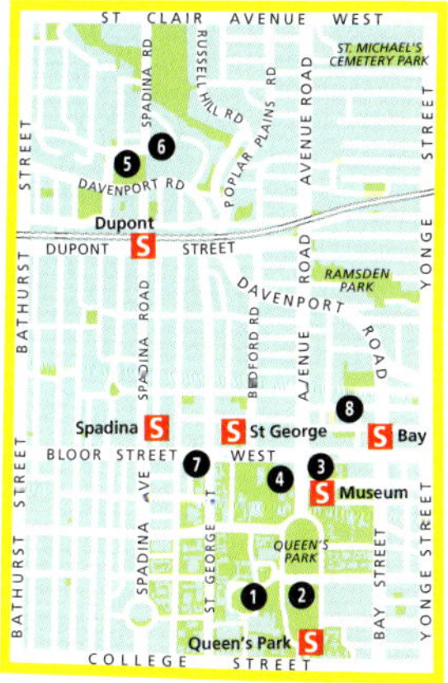

0 quilômetro 1

LEGENDA

S Estação de metrô TTC

◀ *Casa Loma, a fantasia de um barão da indústria*

Torre da Hart House, no campus da Universidade de Toronto

Universidade de Toronto ❶

Mapa D4–E4. 27 King's College Circle.

Uma das mais prestigiosas universidades do Canadá. Inúmeras faculdades se espalham pelo desenho sinuoso de seu campus impressionante. Os prédios mais bonitos se localizam na ponta oeste da Wellesley Street. Aí, no Hart House Circle, fica o pátio quadrado da Hart House (1919), e a Soldiers' Tower, memorial neogótico aos estudantes mortos nas duas guerras mundiais. Ao lado, no King's College Circle, se situam o prédio neo-românico do University College, o Knox College e a rotunda do Convocation Hall.

Parlamento de Ontário ❷

Mapa E3. Queen's Park. Aberto diariam.

O Parlamento da Província de Ontário, um amplo edifício de arenito rosa, foi inaugurado em 1893. Os representantes eleitos quiseram firmar uma posição com o edifício: a província era uma parte pequena (e extremamente fiel) do império britânico, mas tinha meios e dinheiro para se destacar. Assim, os membros da Câmara dos Representantes da província encomendaram esta dispendiosa estrutura, em estilo neo-românico. Terminada em 1892, sua principal fachada é um conjunto de torres, arcos e rosáceas, encimados por altos telhados.

Em 1909, um incêndio destruiu a ala oeste, reconstruída em mármore italiano. Algumas sessões são abertas ao público.

O Parlamento de Ontário, sede do Legislativo provincial

George R. Gardiner Museum of Ceramic Art ❸

Mapa E3. 111 Queen's Park. Aberto diariam.

Reaberto em 2006, após uma ampliação, o museu é inteiramente dedicado à cerâmica e à porcelana. Muito bem dispostas, as peças mostram a história e os marcos do desenvolvimento da cerâmica. Começando pela era pré-colombiana, o museu tem exemplares fascinantes de antigas obras do México e Peru. Cerâmica européia do século 13 ao 16, assim como artefatos da Ásia e arte contemporânea, completam o acervo do museu.

Saudação do Arlequim, cerâmica de Meissen

Royal Ontario Museum ❹

Mapa E3. 100 Queen's Park. Entr. principal Bloor St. Entr. paga.

O mais importante museu do Canadá oferece aos visitantes um variado acervo de cerca de 6 milhões de peças de ciências naturais, arqueologia e arte de todo o mundo. Com a inauguração, em 2007, do Michael Lee-Chin Crystal, anexo projetado pelo arquiteto Daniel Libeskind, o ROM celebra um importante estágio da grande reforma, que termina em 2009. Essa estrutura de alumínio e vidro criou, junto ao antigo prédio de 1912, um amplo espaço para novas galerias.

As exposições dedicadas à história natural equilibram ciência, arqueologia e natureza. No 2º andar do Crystal, estão as galerias Era dos Dinossauros, mostra de 18 enormes esqueletos, e Era dos Mamíferos, um impressionante grupo de animais da Era do Gelo. No 2º andar do prédio original estão a Caverna dos Morcegos e a Galeria da Biodiversidade.

As galerias de Cultura Mundial exibem desde ferramentas da Idade da Pedra até arte e design do século 20. Duas das mais interessantes atrações são o túmulo da dinastia Ming, no 1º andar, e o sarcófago de uma múmia egípcia, no 3º andar. No anexo Crystal, três novas galerias exibem arte dos povos de todo o globo. No 4º andar do Crystal, a Patricia Harris Gallery of Textiles and Costumes exibe uma amostra giratória do rico acervo do ROM.

Excelentes exposições temporárias são sempre apresentadas no ROM. O restaurante Crystal Five serve uma cozinha gourmet no andar B1, e o Food Studio oferece uma comida mais informal.

A popular Galeria dos Dinossauros, no Royal Ontario Museum

Casa Loma ❺

Este raro castelo em estilo gótico foi projetado por E. J. Lennox, também responsável pela prefeitura velha de Toronto *(pág. 18)*. É um tributo notável ao seu proprietário, Sir Henry Pellatt (1859–1939), um dos mais influentes industriais do Canadá, que fez fortuna utilizando a força das cataratas do Niágara para produzir energia elétrica.

O Salão Redondo *tem elegantes portas e janelas arqueadas para se alinharem às paredes curvas.*

O pátio *tem vista para os belos jardins com fontes, emoldurados por colinas e bosques de azaléias.*

O Grande Salão *tem um teto de 18m de altura apoiado por vigas de carvalho e uma janela de sacada a 12m do solo.*

PREPARE-SE

Mapa D2. 1 Austin Terrace. Tel 416 923 1171. Aberta 9h30-16h diariam. **www.casaloma.org**

Vinte mil m² de jardins *enfeitam a propriedade com cercas vivas, rosas, gramados e bosques.*

A torre leste, *inspirada nos castelos escoceses, é o ponto mais alto do castelo.*

O banheiro, prodigamente decorado e *projetado para o uso pessoal de Sir Henry, tem um chuveiro com seis cabeças.*

Na estufa, *paredes brancas destacam a cúpula de vitrais. E canteiros de mármore escondem os canos de vapor para as plantas mais raras.*

A entrada da Spadina House, com suas floridas colunas vitorianas

Spadina Museum, Historic House, and Gardens 6

Mapa D2. 285 Spadina Rd. Tel 416 392 6910. Horários variáveis. Informe-se antes. Entr. paga.

O primeiro presidente do Toronto Dominion Bank, James Austin, construiu esta casa vitoriana para sua família em uma elevação, com vista para a Spadina Avenue. Após a mudança dos Austin, em 1982, o prédio foi doado ao Historical Board of Toronto. Belos detalhes realçam o ambiente, como o friso Art Nouveau do Salão de Bilhar, e a porta no chão da estufa, que permitia aos jardineiros cuidar das plantas sem serem vistos.

Design de calçados no The Bata Shoe Museum

The Bata Shoe Museum 7

Mapa D3. 327 Bloor St. W. Aberto 10h-17h ter-sáb, 12h-17h dom.

Projetado pelo arquiteto canadense Raymond Moriyama, The Bata Shoe Museum é uma construção angular que lembra uma caixa chique de sapatos. Aqui está exposta toda a extraordinária gama de calçados colecionados por Sonja Bata, da fábrica de sapatos de mesmo nome. Entre eles, antigas botas francesas de amassar castanhas e um par de botas do exército dos EUA usadas na Guerra do Vietnã.

Yorkville 8

Mapa E3.

Nos anos 1960, Yorkville era o ponto favorito dos hippies e lugar onde se encontravam os ícones da contracultura, como Joni Mitchell. Os hippies partiram, e as pequenas casas de Yorkville foram ocupadas por lojas e restaurantes da moda ou transformadas em moradias chiques e estilosas. Aquele ambiente pouco convencional foi substituído por algumas das grifes mais exclusivas do país, ao lado de galerias de arte e lojas de sapato de alta qualidade. É um ótimo lugar para relaxar e observar as pessoas de um dos cafés nas calçadas.

A vitrine de uma das lojas de Yorkville

SUGESTÕES

RESTAURANTES

Ethiopian House
Mapa E3. 4 Irwin Ave.
Tel 416 923 5438.
Barato
Pratos saborosos como carnes de panela e legumes em conserva com pão injera, *num ambiente amistoso.*

L'Espresso Bar Mercurio
Mapa D3. 321 Bloor St. W.
Tel 416 596 2233.
Barato
Cozinha italiana, um expresso perfeito e vinhos a preços razoáveis, além de um sorriso.

Spring Rolls
Mapa E3. 693 Yonge St.
Tel 416 972 7655.
Barato
Deliciosa sopa vietnamita e curries *tailandeses para um orçamento consciencioso.*

Jamie Kennedy Gardiner
Mapa E3. Gardiner Museum. 111 Queen's Park.
Tel 416 362 1957.
Moderado
Gracioso restaurante com menu degustação de um dos melhores chefs *de Toronto.*

Opus
Mapa E3. 37 Prince Arthur Av.
Tel 416 921 3105.
Caro
Restaurante badalado com uma ampla carta de vinhos.

Pangaea
Map E3. 1221 Bay St.
Tel 416 920 2323.
Caro
Este sofisticado restaurante prepara deliciosamente ingredientes regionais frescos.

BARES, PUBS E CAFÉS

The Coffee Mill
Mapa E3. 99 Yorkville Ave.
Aconchegante café onde se saboreia comida húngara e européia, e excelentes doces.

Panorama
Mapa E3. 55 Bloor St. W.
Quem não teme a altura pode brindar à espetacular vista da varanda deste bar, o mais alto da cidade, no 51º andar, valendo-se da extensa lista de coquetéis.

COMPRAS

David's
Mapa E3. 66 Bloor St. W.
Sapatos dos mais importantes designers, como Valentino e Zegna, atraem os aficionados para essa loja essencial na Bloor.

The Guild Shop
Mapa E3. 118 Cumberland St.
Jóias, cristais soprados a mão e esculturas inuítes refletem o excelente design e elaborado acabamento do artesanato de Ontário.

Holt Renfrew
Mapa E3. 50 Bloor St. W.
Esta aristocrática loja de departamentos assegura que seus clientes se vestem com elegância e na última moda.

M.A.C
Mapa E3. 89 Bloor St. W.
Virtual paraíso da maquiagem, com a equipe mais prestativa e antenada que se pode imaginar.

Ver códigos de preço na pág. 64.

IMAX
THRILL RIDE
Whales

WEST END

Uma das áreas mais vibrantes de Toronto. Na Queen Street West, os restaurantes, os bares e as lojas seduzem uma multidão antenada; o Museum of Contemporary Canadian Art e, mais ao sul, na King Street, a Ydessa Hendeles Foundation, atraem os amantes de arte. Little Italy, na College Street; Chinatown, ao longo da Spadina; e o Kensington Market estão sempre em atividade. Ao sul, fica o Fort York, importante sítio histórico, e um parque temático, o Ontario Place.

PRINCIPAIS ATRAÇÕES

Áreas e Edifícios Históricos
Fort York 7

Parque Temático
Ontario Place 8

Museus e Galerias
Museum of Contemporary Canadian Art 5
Ydessa Hendeles Art Foundation 6

Arredores
Chinatown 1
Kensington Market 2
Little Italy 3
West Queen West 4

VER TAMBÉM

• *Sugestões pág. 35*

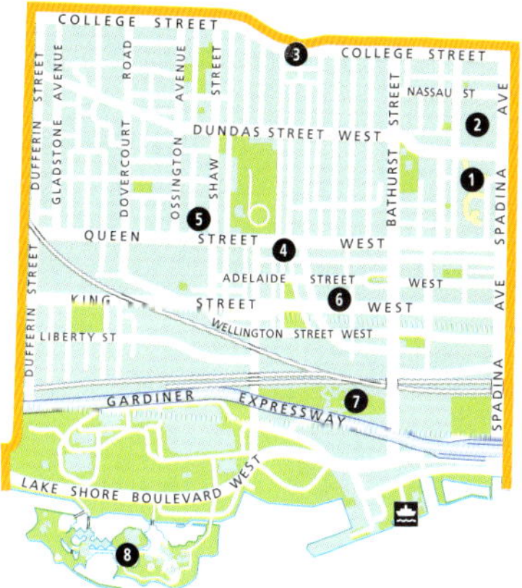

LEGENDA

Terminal de ferryboat

0 quilômetro 1

◀ *O Cinesphere, um cinema IMAX, Ontario Place*

Frutas secas exóticas no Kensington Market

Chinatown 1

Mapa D4. Spadina Ave., entre a Queen St. W. e a College St.

A comunidade chinesa concentra 400 mil pessoas, cerca de 10% da população da cidade. No final do século 19, os primeiros chineses chegaram a Toronto para trabalhar na Canadian Pacific Railway. Eles também se empregaram em fábricas e lavanderias da cidade. Hoje, a população sino-canadense está concentrada em quatro Chinatowns, a maior e mais movimentada das quais na área da Spadina Avenue, esparramando-se a oeste pela Dundas Street até o AGO. Lojas e bancas se espalham sobre as calçadas, oferecendo uma série de iguarias chinesas, e uma profusão de letreiros de néon anunciam dúzias de restaurantes.

As movimentadas calçadas da animada Chinatown

Kensington Market 2

Mapa D4. Baldwin St. e Augusta Ave.

Este mercado fica em uma das áreas mais etnicamente diversas da cidade. Foi fundado na virada para o século 20 por imigrantes do Leste Europeu –o bazar que eles estabeleceram em suas pequenas casas dos anos 1930 foi o fato mais importante dessa área.

Hoje, judeus e poloneses convivem com comerciantes portugueses e chineses em uma vibrante cena de rua. O foco deste mercado aberto é a Kensington Avenue, cuja metade de baixo, até a Dundas Street, é apinhada de lojas de roupas de segunda mão. A metade de cima da Kensington Avenue é cheia de lojas de produtos alimentícios de todo o mundo.

Little Italy ❸

Mapa C4. College St. W., entre a Bathurst St. e a Ossington Ave.

Este trecho da College Street já foi o centro da vida italiana em Toronto. Embora a maioria dos 500 mil italianos que têm como lar Toronto vivam hoje ao norte da cidade, essa faixa ainda retém o clima italiano, com muitos bares que servem *espresso*, pizzarias e *trattorias*.

Nas ruas laterais, bem no sul da College, as adoráveis casinhas de jardim na frente pertencem aos portugueses há muito tempo nessa área, chamada Little Portugal.

West Queen West ❹

Mapa B5–D5. Entre a Bathurst St. e a Dovercourt Rd.

Muitos artistas que pagavam aluguéis altos na Queen West se mudaram alguns quarteirões mais a oeste, para este trecho da Queen entre a Bathurst e a Dovercourt. Eles abriram estúdios e pequenas lojas. Então, espertos empresários, que também eram amantes da cultura, se mudaram para cá, transformando dois hotéis decadentes, o Drake Hotel e o Gladstone Hotel, em alicerces da nova cena artística. A área é hoje o lugar para ver e ser visto. Galerias e lojas convivem com restaurantes da moda. Dado o seu crescente desenvolvimento e os planos para renovar o coração dessa faixa, a área continua a ser atraente.

Banca de legumes frescos em Little Italy

Museum of Contemporary Canadian Art ❺

Mapa C5. 952 Queen St. W. Aberto ter-dom.

Com cerca de 400 obras de arte de mais de 150 artistas canadenses, este museu, no coração da faixa da West Queen West, proporciona uma excelente visão da arte moderna canadense. Sua função é coletar as melhores obras da arte visual do país, especialmente após 1985. Também promove obras inovadoras que refletem a sociedade contemporânea, além de apresentar projetos e exposições especiais, do Canadá e de outros países.

Uma butique da moda na West Queen West

Ydessa Hendeles Art Foundation ❻

Mapa C5. 778 King St. W. Aberta 12h-17h sáb. Entr. paga.

Esta excelente coleção de obras contemporâneas de artistas internacionais é talvez uma das mais interessantes da cidade. Nas mostras de sua eficiente curadoria, a fundadora da galeria, Ydessa Hendeles, oferece aos visitantes uma extraordinária oportunidade de experienciar as obras de arte que ela coleciona. As bem montadas exposições apresentam instalações de arte, fotografia e filmes.

Fort York ❼

Mapa C5. 100 Garrison Rd. Aberto diariam. Entr. paga.

Os britânicos construíram o Fort York em 1793 para reforçar seu controle do lago Ontário e o crescimento de Toronto. Os pontos fracos se evidenciaram quando os americanos o conquistaram, depois de longa batalha, na Guerra de 1812. Após essa guerra, os britânicos o reforçaram, o que deu mais impulso à economia. A esmerada restauração desse complexo militar compensa a visita a seus alojamentos, depósito de pólvora e salas de oficiais. É o maior conjunto de edifícios da Guerra de 1812 no Canadá.

As modernas estruturas de vidro e aço do Ontario Place

Ontario Place ❽

Mapa B6. 955 Lakeshore Blvd. W. Aberto meados mai-set/out: sáb e dom; jan-início set: diariam. Horário variável. Entr. paga.

Este parque temático atrai famílias com crianças pequenas. Construído no lago Ontário sobre três ilhas artificiais, tem várias opções de diversão na água, como barcos a remo, lagoas com chafarizes e escorregadores. A atmosfera muda à noite, com grandes shows de música pop no Molson Amphitheater. O Cinesphere abriga o primeiro cinema com tecnologia IMAX.

Um canhão exposto no gramado, Fort York

SUGESTÕES

RESTAURANTES

Bistro & Bakery Thuet
Mapa D5. 609 King St. W.
Tel 416 603 2777.
Moderado
Cozinha francesa da Alsácia preparada aqui por um mestre que utiliza os melhores ingredientes da estação.

Crush Wine Bar
Mapa D5. 455 King St. W.
Tel 416 977 1234.
Moderado
Serve uma deliciosa cozinha moderna. Oferece uma ótima carta de vinhos, alguns deles vendidos por taça.

Drake Dining Room e Raw Bar
Mapa B5. 1150 Queen St. W.
Tel 416 531 5042.
Moderado
Concorrido lugar da moda, tem uma cozinha muito bem elaborada. Tanto o restaurante como o lounge adjacente são interessantes para conferir a cena local.

Julie's
Mapa B4. 202 Dovercourt Rd.
Tel 416 532 7397.
Moderado
Este restaurante de cozinha familiar cubana serve bons pratos no estilo tapas e ótimos drinques, inclusive o soberbo mojito, *à base de rum.*

Rodney's Oyster House
Mapa D5. 469 King St. W.
Tel 416 363 8105.
Moderado
Ostras –serve mais de 20 espécies– e lagostas são suas especialidades. Excelentes peixes grelhados completam o menu.

BARES, PUBS E CAFÉS

Academy of Spherical Arts
Mapa B5. 1 Snooker St.
Uma antiga mesa de bilhar, ótimas cervejas e boa comida: uma experiência inesquecível.

Bar Italia
Mapa C4. 582 College St. W.
Suba até este elegante bar e lounge no 2º andar após jantar uma saborosa comida italiana no térreo.

Café Diplomatico
Mapa C4. 594 College St. W.
Escolha entre um ampla variedade de pizzas, panini *e omeletes neste amistoso restaurante familiar no coração de Little Italy.*

Cameron House
Mapa D5. 408 Queen St. W.
Divirta-se com o pessoal local, uma cerveja e ótima música neste bar bem informal.

Wheat Sheaf Tavern
Mapa C5. 667 King St. W.
Veja esportes na TV com uma cerveja e tira-gostos na taverna mais antiga da cidade.

COMPRAS

Comrags
Mapa C5. 654 Queen St. W.
Aqui a atração é o vestuário feminino romântico, criação de dois estilistas locais.

Tom's Place
Mapa D4. 190 Baldwin St.
Roupa masculina e feminina em ponta de estoque, com direito a pechinchar.

Ver códigos de preço na pág. 64.

EAST END

A parte leste de Toronto oferece uma atmosfera mais agitada graças à vívida presença gay ao longo da Church Street, ao encrave grego da Danforth e ao animado St. Lawrence Market. Há muitos prédios e pontos históricos nesta área, como a Mackenzie House e a bela St. James' Cathedral. Ao sul, situa-se o histórico Distillery District, hoje um complexo de artes e diversões de visita obrigatória.

PRINCIPAIS ATRAÇÕES

Áreas e Edifícios Históricos
Distillery District 7
First Post Office 3
Mackenzie House 4
St. James' Cathedral 2

Mercados
St. Lawrence Market 1

Arredores
Cabbagetown 6
Church Street 5
The Danforth 8

VER TAMBÉM

• *Sugestões pág. 41*

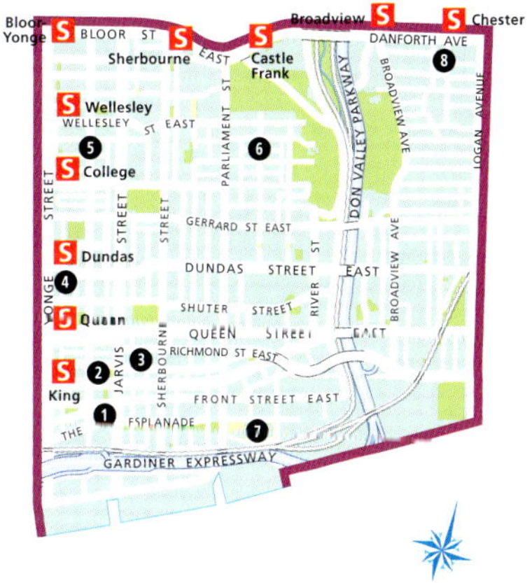

LEGENDA

S Estação de metrô TTC

0 quilômetro 1

◄ *A imponente fachada da St. James' Cathedral*

St. Lawrence Market ❶

Mapa F5. 91 Front St. E.

Inaugurado em 1844 como a segunda prefeitura de Toronto, este edifício tinha uma delegacia de polícia no primeiro andar e uma cadeia no térreo. Hoje abriga um próspero mercado, que os gastrônomos têm como um dos melhores do mundo.

Aberto de terça a sábado, aqui se vende de tudo, de pão fresco a frutos-do-mar, carnes e queijos, até artesanato feito a mão. Vendedores anunciando ofertas de comida e músicos de rua criam uma vibrante atmosfera, e os frequentes eventos animam ainda mais o local.

Aos sábados se vendem produtos sazonais, boa parte orgânicos, além de delícias caseiras vindas do mercado do outro lado da rua.

St. James' Cathedral ❷

Mapa F5. 65 Church St.

Esta igreja neogótica foi construída no lugar da antiga catedral, destruída em 1849 por um incêndio que começou no coração da cidade. Projetada pelo arquiteto britânico Frederic W. Cumberland, a belíssima catedral foi inaugurada em 1853. Mas, por falta de fundos, a torre só foi concluída em 1866, e o pináculo apenas em 1873. Com 96m de altura, o campanário desta igreja é o mais alto do Canadá.

No seu interior, belos elementos decorativos, lindas rosáceas de vitrais e placas comemorativas dão uma idéia da história de Toronto. Fora, um grande parque municipal repleto de flores e uma concha acústica proporcionam o local perfeito para esta imponente igreja.

Funcionária do First Post Office de Toronto selando cartas a mão

St. Lawrence Market, paraíso dos apreciadores de comida

First Post Office ❸

Mapa F5. 260 Adelaide St. E. Aberto diariam.

No início da era vitoriana, o império britânico precisava de boas comunicações com todas as suas colônias. Em 1829, a Câmara dos Comuns britânica fundou o serviço postal colonial e, cinco anos depois, estabeleceu uma agência de correio na longínqua e recém-fundada cidade de Toronto. Por incrível que pareça, o First Post Office resistiu a todos os projetos municipais que previam a sua demolição. Único exemplar ainda em operação de uma agência de correio do tempo em que a América do Norte era colônia britânica, o First Post Office continua em plena atividade.

Os visitantes podem escrever uma carta usando uma pena e selá-la com cera quente. A distribuição, porém, é feita pelo serviço regular, o Canada Post. Após um incêndio em 1978, todo o prédio pôde ser restaurado e readquiriu a aparência original graças aos documentos do antigo arquivo.

Placa de rua da Church Street, centro da vida gay

Mackenzie House ❹

Mapa E4. 82 Bond St. Aberta só à tarde; jan-abr: sáb e dom; mai-dez: ter-dom. Entr. paga.

Este sobrado em estilo neogrego, construído em 1858, foi o lar do primeiro prefeito de Toronto, William Lyon Mackenzie, que voltou para cá ao ser anistiado após sua punição por ter liderado a Rebelião do Alto Canadá, em 1837. Hoje se tornou um museu desse período, com uma gráfica restaurada e galeria para exposições.

A Mackenzie House, casa do primeiro prefeito da cidade

Church Street ❺

Mapa F4. Entre a Charles St. e a Carlton St.

O cruzamento da Church com a Wellesley Street, epicentro da vida gay de Toronto, tem sido há décadas o núcleo da comunidade gay e lésbica. A vibração geral é rosa e orgulhosa, e a profusão de restaurantes, bares e lojas especializadas torna essa faixa um ótimo lugar para passar o tempo e aproveitar o clima, enquanto homens com roupas de couro, *drag queens* e rapazes musculosos desfilam por aqui. Arranje um exemplar do jornal quinzenal grátis *Xtra!* e conheça o que de melhor esta região oferece.

Casarões de tijolos vermelhos em Cabbagetown

Cabbagetown 6

Mapa G4. A leste da Sherbourne St. entre Wellesley e Gerrard St.

Fundada nos anos 1840 por incansáveis imigrantes irlandeses que cultivavam repolho para se sustentar, esta área está quase toda reabilitada. É agora um valorizado bairro residencial que vale um agradável passeio. Pitorescos chalés e sobrados vitorianos ricos de história da arquitetura local compensam a visita. A leste, fica o Riverdale Park e a deliciosa Fazenda Riverdale. Ao norte, está o St. James Cemetery, o mais velho de Toronto, com belas criptas.

Distillery District 7

Mapa G5. 55 Mill St. Entr. paga.

Os calçadões de pedra e a mais preservada arquitetura vitoriana da América dão ao distrito sua atmosfera antiga. Os 44 edifícios deste sítio de 30 mil m² são parte do que já foi a Gooderham and Worts, a maior destilaria do mundo. Ela evoluiu de um moinho de grãos fundado pelo inglês James Wort e seu cunhado William Gooderham. Com 150 anos, o distrito é hoje uma vibrante comunidade de cafés, restaurantes, lojas e estúdios de arte.

Padaria na faixa grega da The Danforth

The Danforth 8

Mapa H3. Entre Broadview e Pope.

The Danforth tem sido o lar das comunidades grega e macedônia desde os anos 1950. À noite, as animadas tavernas ficam cheias de clientes, enquanto as lojas os atraem de dia. Em agosto, a festa de uma semana, Taste of The Danforth, serve um delicioso *smorgasbord* e tem diversão ao vivo.

Equipamento de fabricação da cerveja vintage da Mill Street Brewery's, no Distillery District

SUGESTÕES

RESTAURANTES

Batifole
Mapa H4. 744 Gerrard St. E.
Tel 416 462 9965.
Moderado
Esta jóia na borda leste de Chinatown serve ótima cozinha francesa de bistrô.

Beer Bistro
Mapa E5. 18 King St. E.
Tel 416 831 9872.
Moderado
Além da excelente comida, oferece cem tipos de cervejas, inclusive artesanais.

Colborne Lane
Mapa F5. 169 King St. E.
Tel 416 368 9009.
Caro
Sublimes criações culinárias preparadas pelo renomado chef *Claudio Aprile.*

Perigee
Mapa G5. 55 Mill St.
Tel 416 364 1397.
Caro
Veja como chefs *brilhantes preparam de improviso deliciosas receitas com os mais frescos ingredientes.*

Starfish
Mapa F5. 100 Adelaide St. E.
Tel 416 366 7827.
Caro
Excelentes ostras e saborosos frutos-do-mar em uma nobre atmosfera são as atrações deste ótimo restaurante.

BARES, PUBS E CAFÉS

Balzac's Café
Mapa G5. 55 Mill St.
Delicioso café de grãos moídos na hora é servido neste amplo espaço que já pertenceu a uma destilaria.

C'Est What?
Mapa F5. 67 Front St. E.
Um bar informal com cerca de 45 pequenas marcas direto do barril, algumas produzidas exclusivamente para o pub.

Kultura
Mapa F5. 169 King St. E.
A decoração ultramoderna e a excelente comida atraem uma farta clientela a este bar. Lugar para ver e ser visto.

Soma Lounge
Mapa H5. 703 Queen St. E.
Este classudo restaurante e lounge tem DJs todas as noites e coquetéis incríveis.

The Dominion on Queen
Mapa G5. 500 Queen St. E.
Beba uma cerveja e procure apreciar o jazz e o blues deste relaxante pub.

COMPRAS

Henry's
Mapa F5. 119 Church St.
Tudo o que um fotógrafo precisa ou deseja está aqui, mais um serviço de primeira.

Sandra Ainsley Gallery
Mapa G5. 55 Mill St., Building 32.
Esta galeria expõe e vende arte em vidro, inclusive esculturas de Dave Chihuly.

Soma Chocolatemaker
Mapa G5. 55 Mill St., Building 48.
O máximo em presente se você conseguir se separar dele: uma caixa de chocolates artesanais divinos.

Ver códigos de preço na pág. 64.

GRANDE TORONTO

Muitas atrações recompensam quem se aventura a uma curta distância de Toronto. Os que buscam um pouco de paz podem visitar o belo High Park e as praias do leste. As famílias, em especial, gostam de conhecer os habitantes do grande Toronto Zoo, passar um dia percorrendo trilhas no Paramount Canada's Wonderland, ver como se vivia na Black Creek Pioneer Village ou de que modo as coisas funcionam no Ontario Science Centre. Os amantes da arte adoram visitar a McMichael Art Collection.

PRINCIPAIS ATRAÇÕES

Museus e Galerias
Black Creek Pioneer Village ❻
McMichael Art Collection ❽
Ontario Science Centre ❸

Parques, Zôos e Centros de Diversão
Bluffers Park ❹
High Park ❶
Paramount Canada's Wonderland ❼
Toronto Zoo ❺

Arredores
A Praia ❷

VER TAMBÉM

• *Sugestões pág. 47*

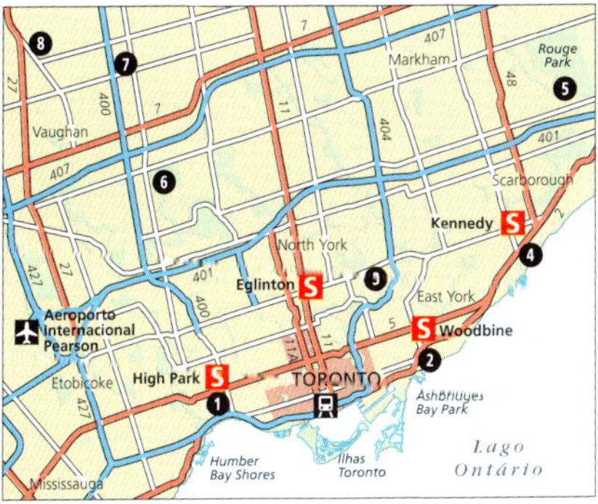

LEGENDA

Aeroporto

Estação de trem

Estação de metrô TTC

0 quilômetros 10

◄ *Orangotango fêmea com o filhote nas costas, Toronto Zoo*

Uma das aléias do extenso High Park

High Park ❶

Mapa B2.

Este belo parque, o maior da área central de Toronto, oferece quilômetros de caminhada e trilhas para bicicleta em meio a extensos jardins, sublimes ravinas arborizadas, uma rara savana de carvalhos e uma pitoresca lagoa, popular entre os visitantes no verão.

Os amantes de história gostam de dar uma olhada na vida do início do século 19, no Colborne Lodge, ao sul do parque. Guias em roupas típicas mostram essa casa em estilo Regência, de 1837, antiga moradia do pesquisador John Howard e sua mulher, Jemima. Ele doou generosamente esse terreno à cidade, formando a base do High Park.

A Praia ❷

Mapa C2. Queen St. E. entre a Woodbine Ave. e a Victoria Ave.

A apenas 15 minutos de carro do centro, ou 25 minutos de bonde pela Queen Street East, os visitantes desta área podem pensar que entraram em outro mundo. Embora seja uma comunidade residencial totalmente ocupada, exala uma relaxante atmosfera de descanso dos dias em que era um destino de férias no verão. Os moradores da praia aproveitam totalmente o lago, junto de muitos habitantes da cidade que vêm se reunir aqui. Todos se divertem nas cintilantes águas azuis, praias de areia e bem cuidados parques.

Os 4km de deque que bordeiam a praia são um lugar perfeito para perambular por aqui e apreciar a bela vista da Ashbridge's Bay, ou observar os banhistas, passeadores de cães e famílias fazendo piquenique. Competições de vôlei de praia atraem os esportistas após o trabalho e muitos praticantes de windsurfe e paraglide cruzam a baía. Do Ashbridge Bay Park tem-se uma bela vista de Toronto.

A diversão do vôlei na praia

A moderna fachada do Ontario Science Centre

Caminhando pelas ruas que sobem da praia, passa-se por belas casas em estilo Rainha Ana, indo até a Queen Street East, que, com muitas lojas e restaurantes, é o ponto comercial e social mais próspero da beira-mar.

Ontario Science Centre ❸

Mapa C2. 770 Don Mills Rd. Aberto diariam. Entr. paga.

Maravilhoso lugar para levar a família, o Science Centre é repleto de exposições interativas dirigidas aos mais jovens. As principais são divididas em áreas temáticas que cobrem tópicos como os ecossistemas da Terra, o espaço, os esportes, a energia e o corpo humano. Essas demonstrações do mundo da ciência fascinam tanto os jovens quanto os adultos. Novas exposições, como a externa TELUSCAPE, que focaliza o meio ambiente, foram criadas depois que o Ontario Science Centre passou por uma transformação.

O Centro foi bem-sucedido em sua missão de juntar educação sobre a ciência moderna com diversão, e em desafiar seus visitantes a pensar mais profundamente no mundo que habitam. Outra atração é o IMAX Dome Theatre, de 320 lugares, que exibe filmes em uma tela de 24m.

Bluffers Park ❹

Mapa C2. Ao lado da Brimely Rd., Scarborough.

Em cima e abaixo dos penhascos –incríveis rochedos de arenito que se erguem, ao leste, acima do lago Ontário–, foi criado um belo parque. Sua finalidade é auxiliar na preservação deste notável acidente geológico, e proporcionar tanto aos seus habitantes quanto aos visitantes ampla variedade de recreação. O Bluffer's Park é o maior e mais acessível parque da cidade, e o mais próximo do centro. Há muitas atividades de lazer, como praias, campos de esportes, snack bar e mesas para piquenique, além de uma marina e um iate clube.

Surpreendentes rochedos de arenito no Bluffers Park, lago Ontário

Um magnífico urso-polar, habitante do Toronto Zoo

Toronto Zoo ❺

Mapa C1. 361A Old Finch Ave., Scarborough. Abre diariam. Entr. paga.

O zôo de Toronto ocupa uma larga faixa do Rouge River Valley. Os animais são agrupados de acordo com seus hábitats naturais, tanto fora, em meio às florestas mistas e terrenos planos do vale do rio, como dentro de amplos pavilhões climatizados. Os visitantes podem escolher uma das trilhas marcadas ou tomar o Zoomobile para um passeio de 30 minutos. Leva cerca de quatro horas para ver os animais, entre os quais espécies canadenses como alces e ursos-pardos. As crianças podem se refrescar na água na Splash Island.

Black Creek Pioneer Village ❻

Mapa A1. 1000 Murray Ross Pkwy, Downsview. Aberta diariam. Entr. paga.

Para provar a autêntica vida dos pioneiros, visite esta recriação de uma comunidade rural de Ontário do século 19. Entre os muitos edifícios –alguns originais, a maioria modificada ou restaurada– estão a escola, a igreja, casas, lojas e celeiros. Há ainda pomares, moinhos de água, jardins restaurados e animais de criação. Uma equipe com roupas da época mostra as ferramentas dos pioneiros e executa as tarefas de funilaria e moagem de grãos (a farinha moída está à venda). As crianças adoram o passeio de charrete, que é grátis.

Um funileiro à frente de sua loja, na Black Creek Pioneer Village

Paramount Canada's Wonderland ❼

Mapa A1. 9580 Jane St., Vaughan. Aberto mai-início set. Entr. paga.

Este grande parque temático ao norte de Toronto oferece cerca de 65 passeios e 200 atrações. Os de maior sucesso são as montanhas-russas e o Splash Works, parque aquático de 80 mil m² com uma piscina de ondas e tobogãs. Diversões como a queda-livre assustam alguns, mas o carrossel é uma alternativa. No verão, há a apresentação de shows ao vivo.

SkyRider, no Paramount Canada's Wonderland

McMichael Art Collection ❽

Mapa A1. 10365 Islington Ave., Kleinburg. Aberto diariam. Entr. paga.

Robert e Signe McMichael construíram uma residência de pedra e madeira com vista para a floresta do vale do rio Humber. Ávidos colecionadores de arte canadense, em 1965 doaram a casa e as pinturas ao governo. A coleção de arte tem hoje cerca de 6 mil peças, a maioria dedicada ao trabalho do Grupo dos Sete, grupo de artistas formado em 1920. O tema geral das pinturas são as paisagens ilustrativas da selvagem beleza local. Cada membro do grupo alocava uma área separada, e tanto Tom Thomson (famoso precursor do grupo) como a talentosa Lawren Harris, também membro, estão bem representados. Há ainda outras alas fascinantes, como a dedicada à arte inuíte e nativa contemporânea, e à escultura.

White Pine de A. J. Casson, na McMichael Art Collection

SUGESTÕES

RESTAURANTES

Sauvignon Bistro & Bakery
Mapa B2. 1862 Queen St. E. Tel 416 686 1998.
Moderado
Deliciosa comida francesa, muito bem cuidada, e ótimas sobremesas.

The Silver Spoon
Mapa B2. 390 Roncesvalles Ave. Tel 416 516 8112.
Moderado
Cozinha moderna bem executada e bons coquetéis servidos em ambiente leve.

Sushi Kaji
Mapa A2. 860 Queensway. Tel 416 252 2166.
Caro
Amantes da comida japonesa se deleitam com o omakase do mestre Mitsuhiro Kaji.

Via Allegro Ristorante
Mapa A2. 1750 Queensway W. Tel 416 622 6677.
Caro
Soberbas pizzas crocantes, risotos e peixes, e uma adega de vinhos premiados.

BARES, PUBS E CAFÉS

The Beacher Café
Mapa B2. 2162 Queen St. E.
Alegre e informal, e com muita arte à venda, este é um bom lugar para um brunch.

Granite Brewery
Mapa B1. 245 Eglinton E.
Aqui são fabricadas cervejas Ales com ingredientes naturais.

Lion on the Beach
Mapa B2. 1958 Queen St. E.
Um pub em estilo inglês com uma ampla seleção de chopes.

Ver códigos de preço na pág. 64.

PASSEIOS DE UM DIA

Muitos pontos de interesse ficam a poucas horas de carro de Toronto. Ao norte, a Georgian Bay, com suas inúmeras ilhas, lindos crepúsculos e praias de areia. Perto da cidade fica o local do primeiro estabelecimento europeu em Ontário. A sudoeste, o encanto de pequenas povoações e cidades, e na península do Niágara, viçosos vinhedos e a maravilha natural que são as cataratas do Niágara merecem maior atenção.

PRINCIPAIS ATRAÇÕES

Áreas, Cidades e Edifícios Históricos

Elora e St. Jacobs 4

Niagara-on-the-Lake 7

Sainte-Marie Among the Hurons 1

Stratford 5

Parques e Praias

Royal Botanical Gardens 6

Wasaga Beach Park 3

Áreas de Beleza Natural

Georgian Bay Park 2

Cataratas do Niágara págs. 54-5 9

Região Vinícola 8

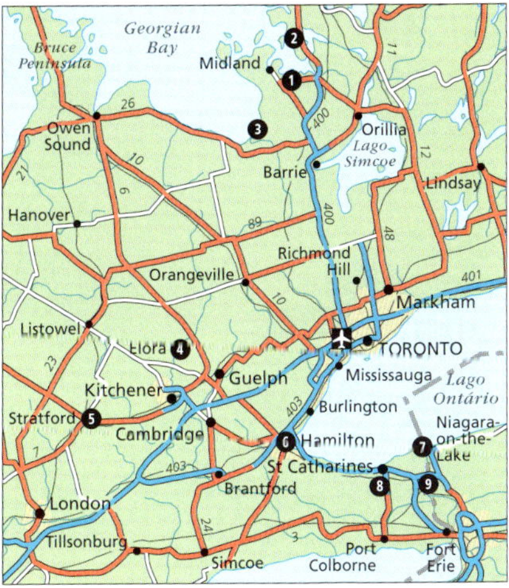

LEGENDA

✈ Aeroporto

0 quilômetros 75

◄ *O* Maid of the Mist *se aproxima da Ferradura, cataratas do Niágara*

Sainte-Marie Among the Hurons ❶

Hwy 12 (5km a leste de Midland.) Aberta mai-out diariam. Entr. paga.

Esta é a reconstrução da missão fundada aqui entre os huronianos por jesuítas em 1639. O lugar floresceu até 1649, quando a comunidade foi abandonada e queimada para não cair nas mãos dos índios iroqueses. O sítio histórico se divide entre a parte dos huronianos, com seu par de ocas indígenas cobertas por cascas de árvores, hospital e tenda *ojibway*, e a parte dos jesuítas, com sua capela, oficinas, cozinhas e hortas típicas huronianas. Há uma apresentação multimídia no início do passeio. Uma equipe com roupas da época exibe as ferramentas tradicionais empregadas tanto pelos franceses como pelos huronianos, e interpreta a vida e os hábitos do primeiro estabelecimento europeu em Ontário. Uma visita a este museu coloca o sítio em seu contexto histórico.

Oca indígena em Sainte-Marie Among the Hurons

Windsurfe em uma das muitas ilhas da Georgian Bay

Georgian Bay Islands National Park ❷

A turbulenta paisagem da Georgian Bay se caracteriza por rochas e pinheiros do escudo canadense, batidos pelos ventos. Milhares de ilhas –algumas simples blocos de granito– pontilham a baía; 59 delas formam este parque. Acesso às maiores destas ilhas, Beausoleil, a ilha maior, com suas trilhas para caminhadas, praias, florestas e uma enorme variedade de répteis e anfíbios, fica a 40 minutos de táxi aquático da cidade de Honey Harbour.

Wasaga Beach Park ❸

11–22nd Street N., praia de Wasaga. Aberto fim mar-meados out: diariam. Entr. paga.

Com mais de 14km de areia branca, lindas vistas da rasa baía e água agradável para nadar, a praia de Wasaga atrai milhares de visitantes no verão. As oito áreas de praias mantidas pelo Wasaga Beach Provincial Park oferecem facilidades nos transportes e mesas para piqueniques. No coração do parque, terra firme até o sul da praia, há extensas trilhas para caminhadas e bicicleta. Entre as delícias do inverno estão o esqui *cross-country*

Banhistas aproveitam o ótimo tempo e relaxam na praia de Wasaga

e as caminhadas pelas praias. Meia hora de carro para o sul da praia de Wasaga, fica a adorável e tranquila cidade de Creemore e a fábrica de cerveja Creemore Springs Brewery, que oferece passeios todas as tardes e vale a visita.

Elora e St. Jacobs 4

Farmers' Market e mercado-de-pulgas. Farmers' Market Rd., St. Jacobs. Abertos set-meados jun: ter e sáb; meados jun-ago: ter.

A encantadora cidadezinha de Elora, situada no banco do Grand River, junto à incrível Elora Gorge, foi construída por escoceses no início dos anos 1800. Um imponente moinho domina a cidadezinha, transformado hoje em um valorizado hotel. Pode-se aproveitar melhor o rio tanto com o *inner-tubing*, popular no verão, ou subindo a pé 24m pelas falésias até o alto da garganta para apreciar a vertiginosa vista rio abaixo. Os amantes da natureza também gostam da trilha de 47km Elora-Cataract, entre Elora e Fergus.

A pequena St. Jacobs fica 24km de carro a sudoeste. Menonitas da Pensilvânia se estabeleceram nesta cidade no final dos anos 1700 e início dos 1800, e a comunidade menonita Old Order permanece aqui até hoje.

Ao longo da rua principal, pequenas lojas vendem colchas, antiguidades e objetos manufaturados. Muito populares são os dois mercados, que funcionam aqui o ano inteiro, a poucos minutos da cidade. São cerca de 600 vendedores que oferecem de tudo, desde comida pronta até utilidades domésticas. Entre as ofertas está a especialidade do lugar, o xarope de bordo, vendido pelos menonitas em bancas improvisadas em suas carroças.

Uma banca menonita de xarope de bordo, St. Jacobs Market

O inconfundível Palácio da Justiça de Stratford às margens do rio Avon

Stratford ❺

Em 1830, um hospedeiro chamado William Sargint abriu a Shakespeare Inn, ao lado de uma das trilhas agrícolas que cruzavam o sul de Ontário. Os fazendeiros que se estabeleceram por ali chamaram o rio local de "Avon", e a cidade que ali crescia, de "Stratford", como a cidade natal de William Shakespeare, na Inglaterra.

Em 1952, um jornalista local, Tom Patterson, decidiu organizar um Festival Shakespeare. O evento, no início humilde, em uma tenda, logo se tornou uma das mais importantes temporadas teatrais do Canadá, que se estende de maio a novembro e atrai meio milhão de pessoas. As principais peças ainda são shakespearianas, mas outros importantes trabalhos são exibidos aqui, inclusive obras modernas.

Stratford é uma cidade atraente, com gramados e parques nas margens do rio. Possui diversos restaurantes e cerca de 250 pensões. O centro de turismo organiza caminhadas culturais pela cidade, que passam por muitos prédios históricos. Uma atração arquitetônica é a sede vitoriana da prefeitura e suas torres. Stratford tem também muitas galerias, e a Gallery Indigena exibe uma interessante coleção de obras nativas.

Royal Botanical Gardens ❻

680 Plains Rd. W., Burlington. Aberto diariam. Entr. paga.

Rosa, Royal Botanical Gardens

Este jardim botânico, que compreende florestas, pântanos e um pequeno lago, possui 10,9km² e se situa ao norte do porto de Hamilton. Quatro santuários naturais são repletos de estufas, jardins cultivados e trilhas. Entre os jardins notáveis estão o Rose Garden, o Laking Garden e o perfumado Lilac Garden. O Mediterranean Garden ocupa uma grande estufa e possui plantas encontradas nessa zona climática.

Na primavera, a maior coleção de lilases do mundo começa a brotar. Roseiras centenárias florescem do verão ao outono; o inverno é bom para visitar os jardins internos, a loja e o café.

Niagara-on-the-Lake 7

Niagara Historical Museum: 43 Castlereagh St. Aberto mai-out: só à tarde; nov-abr: só à tarde. Entr. paga.

Esta encantadora cidade histórica ainda é muito semelhante ao que era em meados do século 18. Típicas casas georgianas e neoclássicas, e graciosas lojas, merecem uma calma exploração. Os entusiastas de história não vão querer perder o Niagara Historical Museum, com exposições sobre o fascinante passado da região. A cidade é uma boa base para excursões pela pitoresca Niagara Parkway e por excelentes vinícolas.

Jardim em hospedaria do século 19, em Niagara-on-the-Lake

A maior atração vizinha é Fort George, prisão militar britânica dos anos 1790 cuidadosamente restaurada. A paliçada de madeira e terra envolve dez réplicas de edifícios, como alojamentos, fortins e um depósito de armas. Guias em antigos uniformes ingleses mostram como era a vida no forte.

A cidade também sedia o Shaw Festival, temporada de teatro de abril a novembro.

Região Vinícola 8

A maior região vinícola de Ontário, e do Canadá, está situada na península do Niágara, ao sul do lago Ontário, entre as cidades de Hamilton e Niagara Falls. Dada a moderada influência do lago, o clima da península do Niágara, já comparado ao de Bordeaux, é ideal para a vinicultura, e a área tem vários vinhedos premiados. Embora seja possível visitar algumas vinícolas em um dia, uma exploração mais profunda pede uma dormida em Niagara-on-the-Lake, na aldeia de Jordan ou em uma das inúmeras hospedarias que pontilham o interior. Muitas vinícolas oferecem passeios grátis por seus viçosos vinhedos e adegas subterrâneas para uma degustação, a preço modesto, de suas preciosas safras *vintage* em salas especiais. Após o passeio, uma refeição no restaurante da vinícola é um bom meio de apreciar a cozinha local. Algumas vinícolas oferecem outras diversões no verão, como jazz ou teatro ao vivo.

Cataratas do Niágara ❾

Nada pode preparar os visitantes para este incrível arco de água que despenca de uma rocha de 57m de altura em meio à densa espuma. A corredeira do rio se divide em dois canais pela Goat Island, ilhota permanentemente borrifada de água. De um lado, no Canadá, fica Horseshoe Falls, do outro, nos EUA, a queda menor, American Falls.

A **American Falls** *tem uma altura (260m) de tirar o fôlego.*

The Rainbow Bridge, *que liga o Canadá aos EUA, é uma ponte panorâmica sobre as quedas.*

Alfândega

O Niagara Falls Aviary *é o único aviário interno do Canadá, e tem mais de 300 pássaros exóticos.*

Clifton Hill, *uma rua de várias atrações, como o Ripley's Believe it or Not Museum.*

PREPARE-SE

130km a sudoeste de Toronto.
www.niagarafallstourism.com

A **Skylon Tower** *tem um ponto de observação com completa visão das cataratas.*

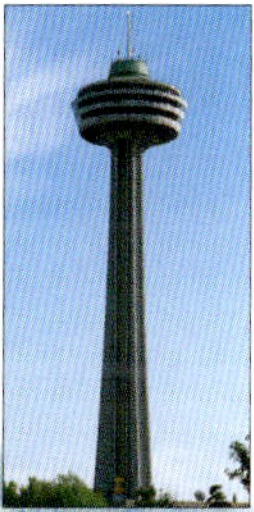

A **Horseshoe Falls**, *a maior catarata do Niágara, tem forma de ferradura e 670m de largura e 57m de altura.*

A **Minolta Tower** *tem três pontos de observação voltados para as cataratas.*

O barco ***Maid of the Mist*** *leva o visitante até o pé das cataratas. Para não se molhar, os passageiros recebem capas de chuva.*

O **Journey Behind the Falls,** *elevador que leva os visitantes por uma jornada atrás de uma cortina de água tão espessa que bloqueia a luz do dia.*

Como explorar as Cataratas

Niagara Falls, pequena cidade para onde vai muita gente em lua-de-mel, se estende por 3km pelo rio Niágara. A cidade é dividida em três partes. Ao sul estão as cataratas, flanqueadas por uma estreita faixa de grama que envolve as margens do rio até a Clifton Hill, a rua mais animada de Ontário, cheia de atrações e parques de diversões. A oeste fica a rua dos hotéis, Lundy's Lane. Ao norte, a parte comercial e os terminais de ônibus e trens. A maioria das atrações está abaixo das cataratas.

Horseshoe Falls

Assim chamadas devido à sua forma de ferradura, as quedas são formadas pelo rio Niágara, que despenca estrondosamente sobre um rochedo semicircular. Sua visão é impressionante, mesmo que parte das águas tenha sido desviada para hidrelétricas próximas, que utilizam essa água para mover suas turbinas. Felizmente, isso resultou em uma redução do ritmo da erosão do rochedo. O barco *Maid of the Mist* parte de um ancoradouro debaixo da Clifton Hill e sobe o rio até o pé das cataratas.

Clifton Hill

Esta rua curta e estreita que sobe pela margem da garganta do rio Niágara é tomada por casas de fast-food e atrações turísticas. Grandes outdoors e placas indicam o caminho para estranhos espetáculos, como a Casa de Frankenstein, o Museu dos Recordes Mundiais, o Caça-Fantasmas, o Museu Acredite se Quiser, de Ripley, entre outros.

Museu de cera, além de muitas outras atrações, na Clifton Hill

White Water Walk

A enorme força da correnteza do Niágara pode ser mais bem apreciada do fundo do cânion por onde ele corre. O passeio The Great Gorge Adventure

O arco de águas em forma de ferradura que forma a Horseshoe Falls

Passarela ao longo do Niágara, na Great Gorge Adventure

proporciona uma ampla visão da catarata por meio de um elevador e um túnel, que leva do alto da garganta até uma passarela na margem. As corredeiras e redemoinhos aqui são fantásticos e perigosos.

The Old Scow

Pouco acima das cataratas, preso nas pedras no meio do rio, encontra-se o Old Scow, uma barca que naufragou em agosto de 1918. A balsa disparou na direção da cachoeira, mas a 750m da queda, quando seus dois tripulantes pareciam condenados à morte, o barco se prendeu nas pedras. Contudo, eles tiveram de esperar 29 horas até serem resgatados, ainda com vida. Desde então, o Old Scow permanece preso às pedras, enferrujado e desfazendo-se lentamente.

Niagara Glen Nature Reserve

Este pequeno parque fica a 7km das cataratas, rio abaixo, em um trecho da ravina quase intocado. Sete diferentes trilhas para caminhadas passam por rochas, cavernas e flores silvestres. Descer é uma tarefa fácil, mas a subida é árdua.

Niagara Parks Botanical Gardens and Butterfly Conservatory

O jardim botânico situa-se 9km abaixo das quedas e ocupa 400 mil m², abrigando muitas espécies de plantas raras. Um dos pontos mais bonitos é um roseiral com mais de 2 mil diferentes espécies durante o verão. Particularmente popular, contudo, é a incubadora de borboletas, onde vivem milhares delas livremente. Um vídeo que documenta o ciclo de vida das borboletas completa a visita.

Borboleta do Conservatory

Whirlpool Aerocar

O rio Niágara faz uma acentuada curva de 4,5km abaixo das cataratas, formando um redemoinho voraz, um dos mais letais trechos de água da América do Norte. A melhor vista desse turbilhão de água e das corredeiras é do Whirlpool Aerocar, um bondinho que atravessa as gargantas do rio.

O Whirlpool Aerocar, acima das corredeiras

Manual de Sobrevivência

As ruas centrais de Toronto são movimentadas, mesmo à noite, e há poucos crimes por aqui. Os habitantes e os policiais em geral se oferecem para auxiliar um turista perdido; não hesite em pedir ajuda. Bancos e ATMs (caixas automáticos) estão por todo o centro financeiro, e a cidade tem excelentes serviços médicos e de emergência.

Dinheiro

Moeda
As moedas mais usadas são as de 25-cent (ou "quarter"), de one-dollar (ou "loonie") e a de two-dollar. Em notas, o dinheiro é dividido em $5, $10, $20, $50 e $100. A mais utilizada delas é a cédula de $20.

Caixas Automáticos (ATMs)
Os bancos abrem de segunda a sexta-feira, das 9h às 17h; alguns fecham mais tarde nas sextas e abrem aos sábados. Todos fecham aos domingos.

Os ATMs, espalhados pela cidade, aceitam cartões de bancos estrangeiros e os principais cartões de crédito.

Cartões de Crédito
A maioria dos lugares aceita cartões de crédito, mas é sempre melhor checar.

Logo da Bell, uma das maiores companhias telefônicas do Canadá

Comunicação

Telefones Públicos
Os telefônicos públicos usam cartão e moeda. As chamadas locais custam $0,25. Agências de correio, lojas de conveniências e máquinas da companhia Bell vendem cartões. Em Toronto use o código de área 416, ou 905 para a Grande Toronto. Use o prefixo 1 para longa distância na América do Norte. Para ligar para o Brasil, tecle 011 + 55 + código da cidade (sem o 0) e o número.

Caixas Automáticos (ATMs) nas ruas de Toronto

Serviço Postal
Para comprar selos ou enviar cartas, procure uma placa do "Canada Post". Há agências em farmácias e em shoppings. centers.

Internet
Cafés com internet (*lan houses*) custam $3 a hora. Alguns oferecem wi-fi.

Saúde e Segurança

Emergências Médicas
Tratamentos de emergência estão disponíveis 24 horas por dia nestes hospitais: St. Michael's, 30 Bond St., tel 416 360 4000; Toronto General, 200 Elizabeth St., tel 416 340 4611; Mt. Sinai, 600 University Ave., tel 416 586 5054; Hospital for Sick Children, 555 University Ave., tel 416 813 1500 e Toronto East General Hospital, 825 Coxwell Ave., tel 416 461 8272.

Seguro de Saúde
Recomenda-se fazer um seguro de saúde e odontológico válido para despesas em viagens internacionais.

Dentistas
Consulte as Páginas Amarelas. Há um serviço de emergência no 1650 Yonge St., ao norte da St. Clair Ave. Abre nos sete dias da semana, das 8h às 24h, tel 416 485 7121.

Farmácias
Leve uma dose extra de seus medicamentos e uma cópia de receita para o caso de necessidade. Várias farmácias vendem remédios com e sem receita, e funcionam das 9h às 21h ou 22h. Cinco farmácias Shoppers Drug Mart ficam abertas 24 horas. A mais central se situa na 700 Bay St., tel 416 979 2424, ou 1 800 746 7737.

Polícia Metropolitana de Toronto trabalhando

Polícia
O Serviço de Polícia de Toronto tem uma força bem treinada, com quartel na 40 College St. Chame 416 808 2222 para relatar alguma situação em que ninguém esteja em perigo imediato, como roubo ou fraude.

Vistos e Passaportes
Para entrar no país, os brasileiros precisam obter o visto. Informe-se: Consulado-Geral do Canadá em São Paulo: Av. Nações Unidas, 12901, 16º andar, tel 5509-4343. Embaixada do Canadá no Brasil: SES – Av. das Nações, quadra 803, lote 16, Brasília-DF, tel (61) 3424-5400. Consulado Geral do Brasil em Toronto: 77 Bloor Street West, suite 1109, tel (416) 922-2503. www.consbrastoronto.org.

TELEFONES ÚTEIS

Ambulância, Bombeiro e Polícia Tel 911

Auxílio Telefônico
Tel 411

Informação Turística
Tel 416 203 2600
www.torontotourism.com

Como Circular

Muitas atrações do centro ficam próximas ou a pequena distância, que pode ser percorrida a pé ou facilmente pelo eficiente transporte público. Um único bilhete pode ser usado no metrô, no ônibus e nos bondes, ou nos ônibus interurbanos.

Ciclistas e patinadores passeiam à beira do lago

Bicicleta

Os ciclistas seguem as mesmas regras que os motoristas. Embora haja algumas ciclovias nas cidades, a rede ainda está no início. Então, pegue a Martin-Goodman Trail ao longo da zona portuária, ou siga pela Don Valley Trail.

Andar de Carro

O sistema viário de Toronto torna fácil guiar na cidade, mas um bom mapa é essencial. A maioria das ruas de duas mãos proíbe virar à esquerda nas horas do *rush*. Pode-se virar à direita no sinal vermelho, se for respeitada a vez dos pedestres. As auto-estradas devem ser evitadas nos horários de pico. Quando um bonde parar para deixar ou receber passageiros, mantenha uma distância de 2m até que as portas sejam fechadas. Pare se um pedestre cruzar a rua, não importando a luz do sinal. Os motoristas devem permitir que os ônibus urbanos voltem ao tráfego depois de sair do ponto. A maioria das ruas do centro tem parquímetros. Todos vistoriados regularmente.

Andar a Pé

A pé é a melhor maneira de explorar as vizinhanças de Toronto. No inverno, escape do frio usando o sistema subterrâneo PATH, calçadão de 16km que liga as inúmeras atrações, serpenteando entre os pontos de comida e as lojas.

Táxis

Tomar táxi nas principais ruas do centro ou para o aeroporto é fácil –Toronto é cheia de táxis. Os preços são oficiais. É usual dar gorjeta de 10% a 15%.

Frota de táxis de Toronto esperando passageiros

Embarque de barcos de turismo, Queens Quay

Ferryboats

São só dez minutos de ferryboat até as ilhas Toronto saindo da Bay St., bem atrás do Westin Harbour Castle Hotel. Fora da estação, todos os ferries levam bicicletas por preços módicos. No verão, o ferryboat para a Centre Island não leva bicicletas.

Barcos de Turismo

Várias companhias fazem passeios ao porto de Toronto. O embarque é feito nas docas do Queen's Quay.

Ônibus de turismo

Trânsito

A Toronto Transit Commission (TTC) tem um eficiente sistema de transporte. As passagens podem ser pagas em dinheiro, com *tokens* (ficha) ou bilhetes. Por um preço menor, compre talões de dez no metrô ou em lojas com a placa "Ticket Agent", que também têm passes. Há mapas grátis nas estações de metrô. Motoristas de ônibus e bondes não vendem bilhetes nem dão troco. Viagens completas dão direito a transferência.

Metrô

O metrô de Toronto é uma boa escolha para passear pelo centro. Funciona das 6h-1h30 de seg-sáb e das 9h-1h30 aos domingos. Se você pensa em tomar depois um ônibus ou bonde, escolha a transferência no balcão vermelho da estação quando for comprar a passagem.

Ônibus e Bondes

Os ônibus e bondes funcionam de 18 a 20 horas por dia, e alguns a noite toda. Bilhetes simples dão direito a uma viagem de ida. É essencial pegar a transferência com o condutor, pois é a prova da compra.

INFORMAÇÃO DE VIAGEM

Escritório de Turismo
Tel 416 203 2600; ligação gratuita 1 800 499 2514
www.torontotourism.com

Toronto Transit Commission (TTC)
Tel 416 393 4636
www.toronto.ca/ttc

Horários de ferryboats
Tel 416 392 8193

Índice

Agradecimentos

A Dorling Kindersley gostaria de agradecer aos seguintes profissionais, cuja contribuição e assistência tornaram possível a preparação deste livro:

Projeto e Assistência Editorial

Editor Douglas Amrine
Gerente editorial Kathryn Lane
Gerente de arte Mabel Chan
Editor de projeto Michelle Crane
Designer Shahid Mahmood
Cartografia Casper Morris
Controle de produção Louise Daly
Pesquisa iconográfica Ellen Root
Diagramação Natasha Lu
Capa Tessa Bindloss

Crédito das Fotos

Todo esforço foi feito para identificar os proprietários dos direitos de publicação e lamentamos qualquer omissão inadvertida. Teremos prazer em acrescentar as emendas necessárias em futuras edições.

a-alto; ad-alto, direita; b-embaixo; bd-embaixo, direita; c-centro; d-direita

Os editores gostariam de agradecer às seguintes pessoas, empresas e fontes de imagens pela permissão para reproduzir suas fotografias:

ALAMY IMAGES: Frank Fredolin 58b. ART GALLERY OF ONTARIO: Karoo Askevak, Canadian: Inuit 1940-74, *Xamã com protetor espiritual*, 1972, osso de baleia, marfim, granito escuro, tendão 47,7 x 23,6 x 16,6cm, doação de Samuel e Esther Sarick, Toronto 1996 © Palejook Eskimo Co-op Ltd. 36d BATA SHOE MUSEUM: Hal Roth 28c. CADILLAC FAIRVIEW: 17bd. GETTY IMAGES: Jean du Boiserranger 51a. MCMICHAEL ART COLLECTION: A. J. Casson (1898-1992), *White Pine*, c.1957, óleo sobre tela 76 x 101,3 cm, doação dos fundadores, Robert e Signe McMichael 47ad. ONTARIO SCIENCE CENTRE: 45a. PARAMOUNT CANADA'S WONDERLAND: 46b.

CAPA

Frente – ALMAY IMAGES: Robert Harding Picture Library, Roy Rainford.
Lombada – DK IMAGES: Cylla von Tiedemann.

Todas as outras imagens, © DORLING KINDERSLEY

Para mais informações: www.DKimages.com.

Os códigos de preço levam em conta refeições compostas de três pratos, meia garrafa de vinho, mais imposto e gorjeta.

Barato até $55
Moderado $55-$90
Caro $90 ou mais

Dados Internacionais de Catalogação na Publicacão (CIP)
(Câmara Brasileira do Livro, SP, Brasil)

Guia visual de bolso : Toronto / Dorling Kindersley;
[tradução Francisco José Couto]. – São Paulo: Publifolha, 2009.

Título original: Pocket map & guide : Toronto.
ISBN 978-85-7402-985-6

1. Toronto (Canadá) – Descrição e viagens – Guias I. Dorling Kindersley.

08-08904 CDD-917.13541

Índices para catálogo sistemático:
1. Guias de viagem : Toronto : Canadá 917.13541
2. Toronto : Canadá : Guias de viagem 917.13541

Frases

Em Emergências

Socorro	**Help**	*rrélp*
Pare	**Stop**	*stóp*
Chame um médico	**Call a doctor**	*koladóktor*
Chame uma ambulância	**Call an ambulance**	*kolanémbiulens*
Chame a polícia	**Call the police**	*kol dê pôlís*
Chame os bombeiros	**Call the fire department**	*kol dê fáier dipártment*
Onde fica o telefone mais próximo?	**Where is the nearest telephone?**	*ueriz dê nírest télefoun?*
Onde fica o hospital mais próximo?	**Where is the nearest hospital?**	*ueriz dê nírest rróspital?*

Comunicação Essencial

Sim/Não	**Yes/No**	*iés/nôu*
Por favor	**Please**	*plíz*
Obrigado	**Thank you**	*fênkiu*
Com licença	**Excuse me**	*ekskíuzmi*
Bom dia	**Good morning**	*gud mórnin*
Boa noite	**Good night**	*gud náit*
Até logo	**Goodbye**	*gudbái*
Ontem	**Yesterday**	*iéstêrdei*
O quê?	**What?**	*uát*
Quando?	**When?**	*uén*
Hoje	**Today**	*túdei*
Amanhã	**Tomorrow**	*tumórou*
Aqui	**Here**	*rriér*
Lá	**There**	*dér*
O quê?	**What?**	*uát*
Quando?	**When?**	*uén*
Por quê?	**Why?**	*uái*
Onde?	**Where?**	*uér*

Frases Úteis

Como vai?	**How are you?**	*rrauáriu*
Muito bem, obrigado.	**Very well, thank you**	*véri uél, fênkiu*
Prazer em conhecê-lo	**Pleased to meet you**	*plízd tu mítiu*
Onde está/estão?	**Where is/where are...?**	*uériz/ uérár*
Como se vai para..?	**Which way to..?**	*uítch uei tu*
Você fala português?	**Do you speak portuguese?**	*du iu spík portiuguíz?*
Não entendo	**I don't understand**	*ai dount anderztênd*
Pode falar mais devagar, por favor?	**Could you speak more slowly, please?**	*kúdiu spík môr slôuli plíz?*
Desculpe	**I'm sorry**	*áim ssóri*

Compras

Quanto custa isto?	**How much does this cost?**	*rrau mátch daz dês kóst?*
Eu gostaria	**I would like...**	*ai uód laik*
Vocês têm...?	**Do you have...?**	*du iu rrév...?*
Vocês aceitam cartões de crédito?	**Do you take credit cards?**	*du iu têik krédit kardz?*
A que horas vocês abrem?	**What time do you open?**	*uotáim du iu ôupén?*

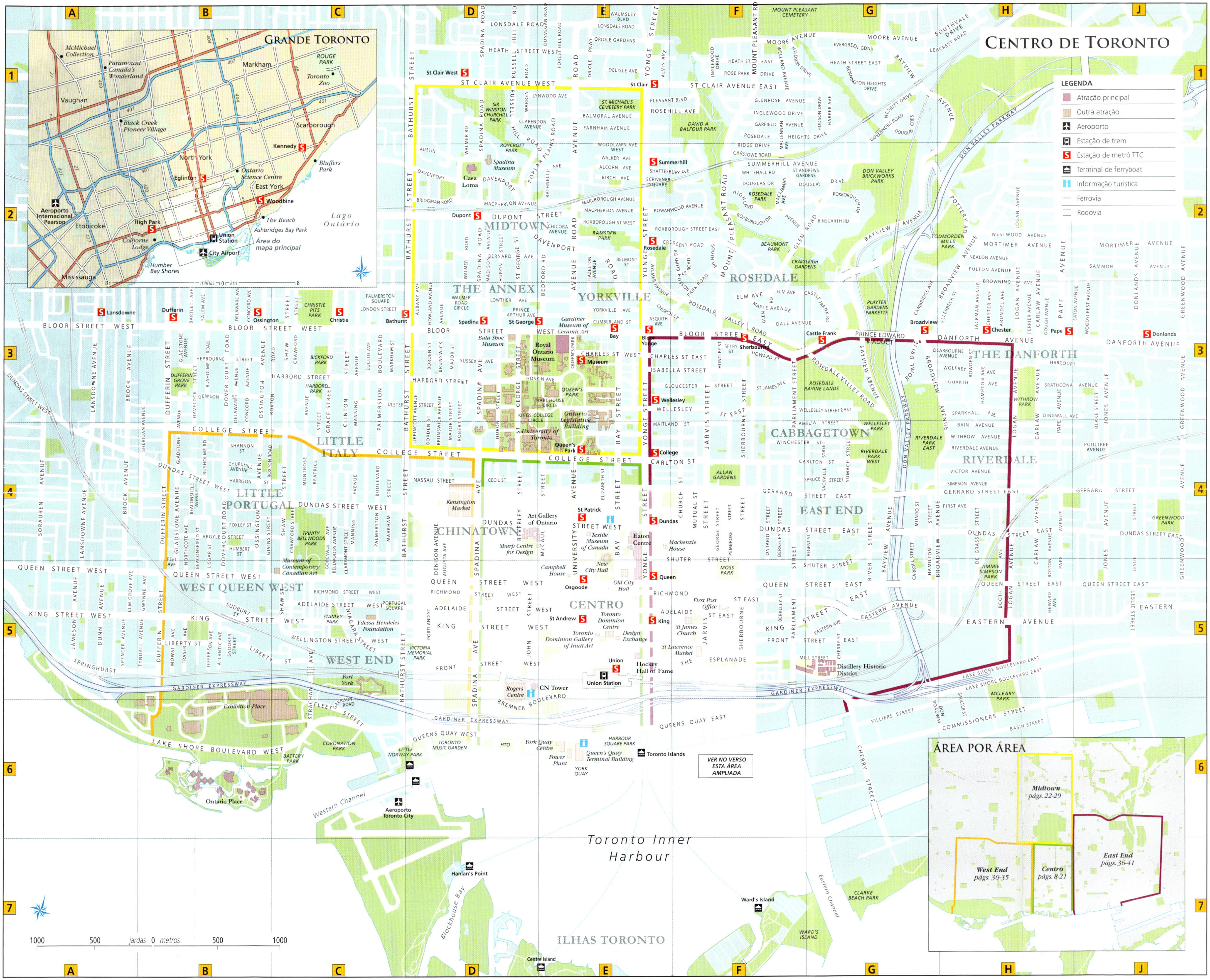
CENTRO DE TORONTO
LEGENDA
Atração principal
Outra atração
Aeroporto
Estação de trem
Estação de metrô TTC
Terminal de ferryboat
Informação turística
Ferrovia
Rodovia
GRANDE TORONTO
ÁREA POR ÁREA
Midtown págs. 22-29
West End págs. 30-35
Centro págs. 8-21
East End págs. 36-41
VER NO VERSO ESTA ÁREA AMPLIADA
THE ANNEX
YORKVILLE
MIDTOWN
ROSEDALE
THE DANFORTH
CABBAGETOWN
RIVERDALE
LITTLE ITALY
LITTLE PORTUGAL
CHINATOWN
EAST END
WEST QUEEN WEST
CENTRO
WEST END
Toronto Inner Harbour
ILHAS TORONTO
1000 500 jardas 0 metros 500 1000

GUIA VISUAL DE BOLSO – FOLHA DE S.PAULO

TORONTO

GUIA E MAPA: A CIDADE NA PALMA DA MÃO

Índice de Ruas

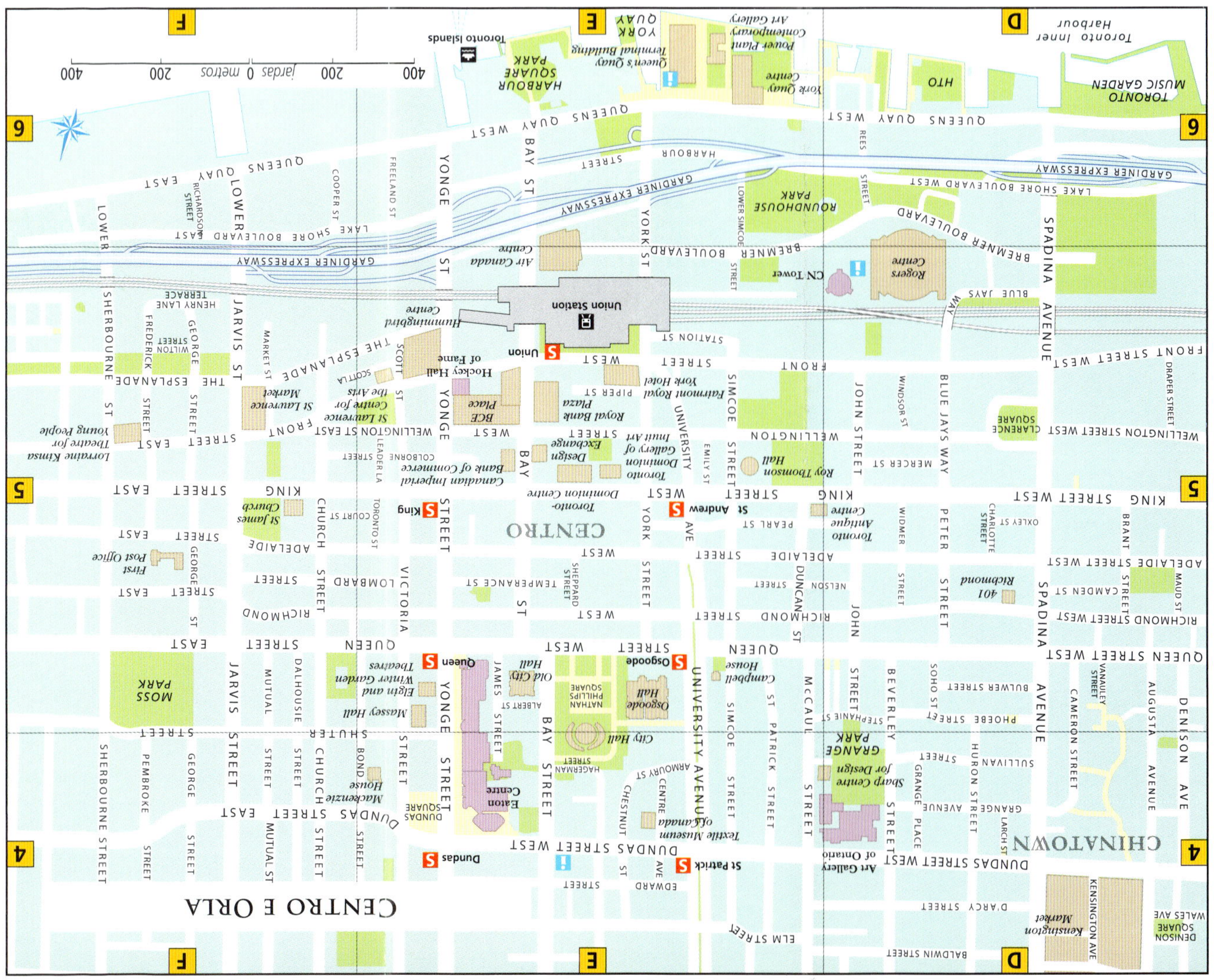

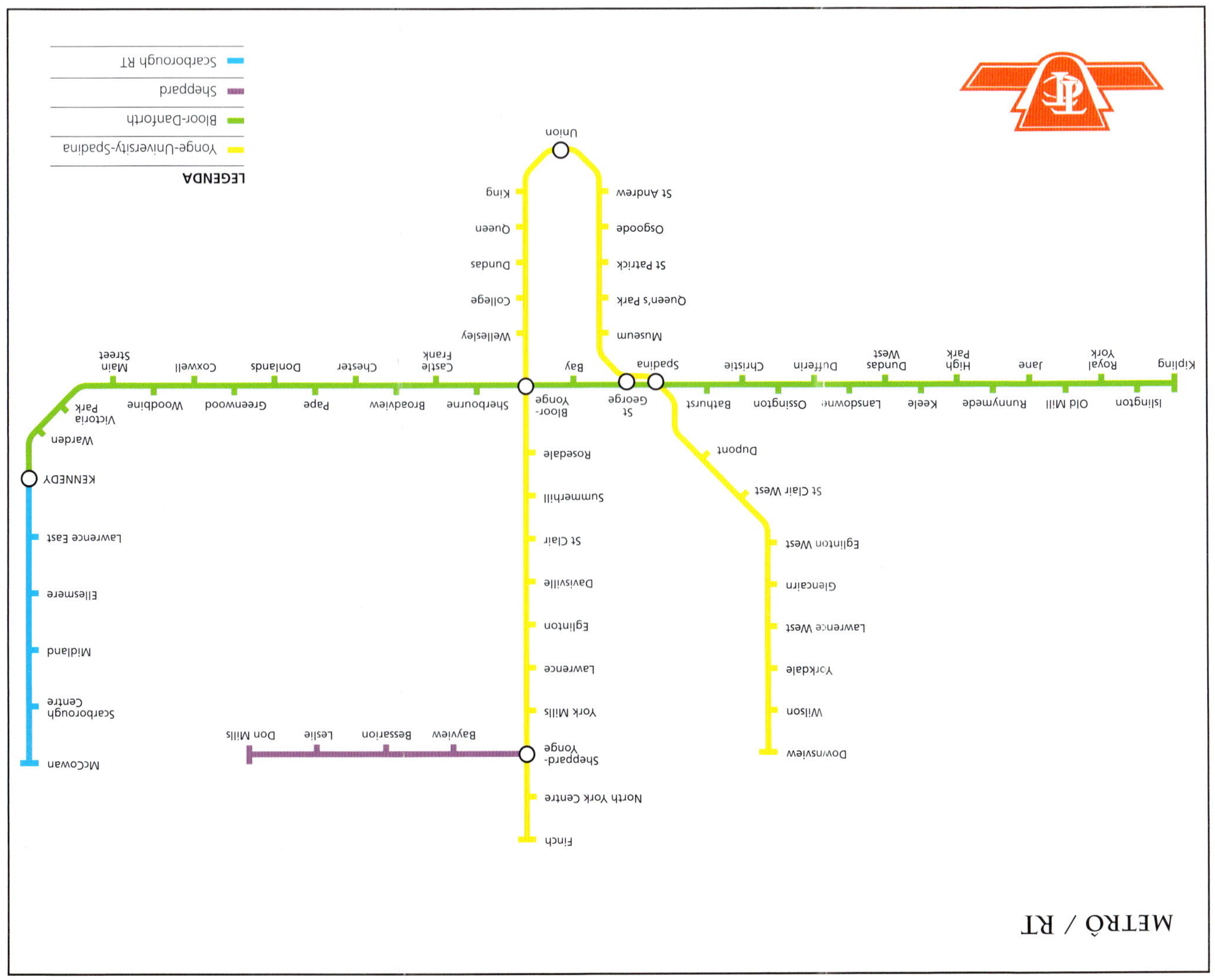